Travel Schedule
여행 일정

MEMO
끄적 끄적

이 책을 보는 방법
How to Use This Book

이 책은 지역별 소개·여행 정보의 두 부분으로 나뉘어져 있습니다. 지역별 소개 부분에서는 교토의 주요 명소를 라쿠토(洛東)·라쿠츄(洛中)·라쿠호쿠(洛北)·라쿠사이(洛西)·라쿠난(洛南) 및 교토 근교의 아마노하시다테(天橋立), 미야마(美山) 등의 지역으로 나누어 소개하였습니다. 각 지역 교통 정보·지도 등의 기본 자료뿐 아니라 TOP관광명소·쇼핑·식당·숙박시설 등의 정보도 함께 실었으며, 교토에서 마이코(舞妓)로 변신할 수 있는 전문 숍을 책 앞부분에 별도의 소단원으로 소개하였습니다. 이 책 한 권으로 교토여행을 마음껏 즐길 수 있습니다!

또 여행 정보 부분에서는 교토여행에서 반드시 필요한 비자·날씨 등의 정보 외에도 교통정보·특별 승차권 등을 자세히 소개하여 당신의 여행을 더욱 편리하게 할 것입니다.

쉽게 찾을 수 있도록 전화번호·팩스·주소·홈페이지·영업시간·교통 등을 포함한 지역별 소개의 여행정보는 모두 글씨를 확대하여 여행 중에도 편하게 읽을 수 있을 뿐만 아니라 알아보기 쉬운 범례로 표시하였습니다. 각 범례의 뜻은 다음과 같습니다.

- 🅐 지도페이지 & 좌표
- 🅕 팩스
- 🅦 홈페이지
- 🅒 교통
- 🅞 개업시간
- @ E-mail
- 🅐 주소
- 🅗 휴업일
- 🅔 전화
- 🅢 가격

이 책에 표시된 가격은 모두 엔화를 단위로 했으며, 책 속에 표시된 교통, 비용, 영업시간, 주소, 전화 등과 같은 변동성 항목은 각각 2006년 8월 이전에 수집된 자료를 기준으로 하였으며, 비용부분은 특별히 변동되기 쉬우니 유의하시기 바랍니다.

주머니에 쏙! 가벼운 발걸음! Happy Tour 교토

◉ **가볍고 편안한 크기, 두껍고 무거운 여행서는 BYE BYE!**
  크기 10×21cm, 무게 200g, 편안하고 부담이 없어 주머니든 가방이든 어디에도 OK!!

◉ **만족스러운 정보들이 ALL IN ONE!**
  알짜 정보만 모아서 꼭 가보아야 할 관광명소, 맛보아야 할 음식, 쇼핑장소에 대한 정보를 모두 수록하였습니다.

◉ **효율적인 구성으로 언제 어디서든 쉽게 찾아 사용한다!**
  각 지역을 장과 절로 나누고 지도를 수록하여 필요한 정보를 쉽게 찾을 수 있습니다.

◉ **관광명소+식당+쇼핑+숙소, 나도 이제 여행전문가!**
  책에 수록된 곳을 스스로 선택하여 자신이 원하는 완벽한 여행계획(2박 3일, 4박 5일)을 짤 수 있습니다.

◉ **여행 필수 품목 No.1!**
  참신하고 예쁜 디자인, 한손에 쏙 들어가는 사이즈, 비닐 표지로 싸여있어 어디든지 들고 다닐 수 있습니다.

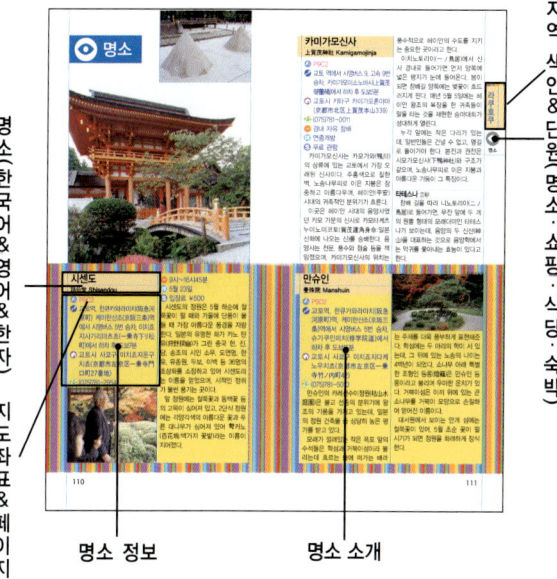

12 교토미인 마이코 변신 체험

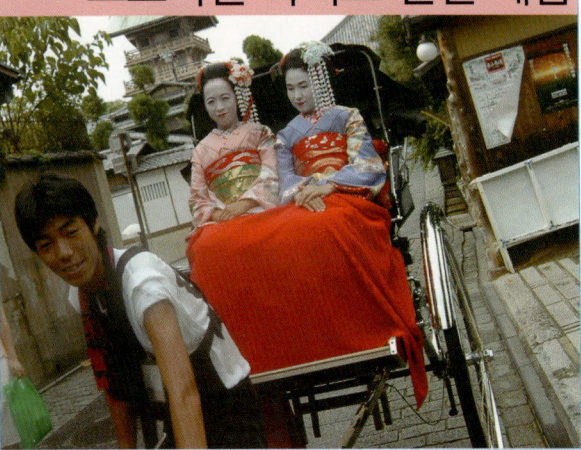

18 라쿠토

명소 : 키요미즈데라, 코다이지, 테츠가쿠노미치, 기온, 마루야마 공원, 기온마츠리, 하나미코지, 시라카와, 야사카신사, 기온 미나미좌, 기온코너, 기온코부카부렌죠, 미야카와쵸카부렌죠, 키요미즈자카, 니넨자카, 산넨자카, 네네노미치, 이시베이코쵸, 야사카도리, 치온인, 켄닌지, 쇼렌인, 헤이안신궁, 난젠지, 긴카쿠지, 에이칸도, 호넨인

쇼핑 : 신몬젠도리, 후루몬젠도리, 햐쿠만벤시, 카제노야카타, 이치자와한푸, 요-지야, 마이센도, 센쇼키타무라, 세이류엔, 토안야사카노미치점, 코신도, 모리도기관

식당 : 오쿠탄, 이쿠마츠, 기온오이신보풋포테이, 토스이로 키야마치 본점, 이시베이코지마메챠, 텐텐, 쿄노오우치고항와라베우타, 사쿠라바카페, 기온코모리, 쿄토기온쿄키나나, 니켄챠야나카무라로, 치소코게츠, 카사이, 사료츠지리, 마이코하나노세키마루우메, 기온코이시, 분노스케챠야, 잇센요쇼쿠, 카기젠요시후사코다이지점, 긴카쿠지키미야, 야츠하시오타베, 난젠지쵸소인, 난젠지쥰세이쇼인, 카노쇼쥬안교토챠시츠도

숙박 : 쿠라소로, 기온신몬소, 료리료칸시라우메, 와라쿠안, 카모가와료칸

라쿠츄

명소 : 토지, 니시혼간지, 니죠 성, 히가시혼간지, 니시키시장, 카와라마치, 폰토쵸도리, 신쿄고쿠도리, 테라마치도리, 카모가와, 시죠도리, 산죠도리, 쇼세이엔, 교토고쇼, 시모가모신사, 키타노텐만구, 카미시치켄카부렌쥬「키타노오도리」, 로잔지, 산쥬산겐도, 우메코지증기기관차관, 니시진오리회관, 히라노신사, 나시노키신사, 세이메이신사, 이마미야신사

쇼핑 : 잇포도챠호 카보쿠, 큐쿄도, 마네키야, 기모노 깃슈, 쿄노 키모노야 시쿤시, 에이라쿠야 호소츠지 이헤이에이상점, 이노분, 신푸칸, 코쿤 카라스마, 갤러리 유케이, 유메키치, 사다노쿤교쿠도, 코다이 유젠엔, 텐진이치, 토요쿠니상노 오모시로이치, 코보이치, 니시진 라쿠이치라쿠좌(모모야마문화촌)

식당 : 혼케 오와리야, 쿠시쿠라, 츄카멘사카야교토고교, 아오 카페테리아 & 오스테리아, 통가라야, 코센도스미, 텐키, 산타마리아 티사네리아 쿄오, 나다이 톤카츠 시죠히가시노토인점, 카페&쿄사이비젠타마키, 프렌치 오·모·야 니시키코지, 칸도 야지키타, 무카데야, 산큐엔, 세이엔, 네스트, 세컨드 하우스 히가시노토인 점, 고쿠라멘, 폰토쵸 캇파즈시, 콘나몬쟈, 마스고본점, 유바키치, 츠루야요시노부, 타와라야요시토미, 쿄료리 니시무라, 카미시치켄 비어가든

숙박 : 이오리, 누노야

106 라쿠호쿠

명소 : 카미가모신사, 시센도, 만슈인, 코에츠지, 슈가쿠인 리큐, 겐코안, 다이토쿠지, 키부네신사, 엔랴쿠지, 쿠라마데라, 산젠인, 쇼린인, 쟈코인, 호센인
숙박 : 오하라노사토, 오하라 산장, 오야도세료, 그랜드프린스호텔교토, 홀리데이인교토, 아피칼인교토

120 라쿠사이

명소 : 킨카쿠지, 아라시야마 토게츠교, 료안지, 진고지, 닌나지, 텐류지, 노노미야신사, 죠쟈쿠지, 라쿠시샤, 세이료지, 아다시노넨부츠지, 기오지, 니손인, 다이카쿠지, 코잔지, 사이호지, 코묘지, 오하라노신사, 호즈가와쿠다리, 사가노 토롯코 열차, 토에이 우즈마사 영화촌
쇼핑 : 아라시야마 치리멘 자이쿠칸
식당 : 료안지 세이겐인, 텐류지 시게츠, 묘신지 토린인
숙박 : 유노하나온천 스미야 키호안, 토게츠테이, 아라시야마 벤케이

142 라쿠난

명소 : 뵤도인, 다이고지, 우지가미신사, 토후쿠지, 후시미 이나리타이샤, 만푸쿠지, 후시미모모야마 성, 우지겐지모노가타리 뮤지엄, 미무로토지, 비샤몬도, 죠난구, 즈이신인, 센뉴지
식당 : 타이호안, 이토큐에몬, 나카무라 토키치 본점
숙박 : 모모야마온센츠키미칸, 호텔 브라이트 시티 야마시나, 어번 호텔 교토

교토근교

156 아마노하시다테
명소 : 치에노유, 이네후나야, 카사마츠 공원
식당 : 칸시치챠야 치에노모치
숙박 : 아마노하시다테온천 와인토오야도치토세

159 미야마
명소 : 카지카소
식당 : 키무라, 마타베

지도색인

8	교토시 약도	108	오하라, 히에이잔
10	교토 교통 지도	109	쿠라마 · 키부네
22	기온(카와라마치)	122	타카오
24	키요미즈데라 · 야사카신사	123	나가오카쿄, 사이호지
26	기온	124	아라시야마 · 사가노
27	키요미즈자카 · 니넨자카 · 산넨자카	144	야마시나
		145	우지
27	테츠가쿠노미치	146	다이고지
68	카와라마치 · 기온	157	아마노하시다테
70	카와라마치 · 시죠도리 · 산죠도리	160	미야마

기 타

169	옷, 신발 사이즈 조견표	170	여행자 수표 Q & A

172 여행 회화 Travel Conversation

교토교통지도

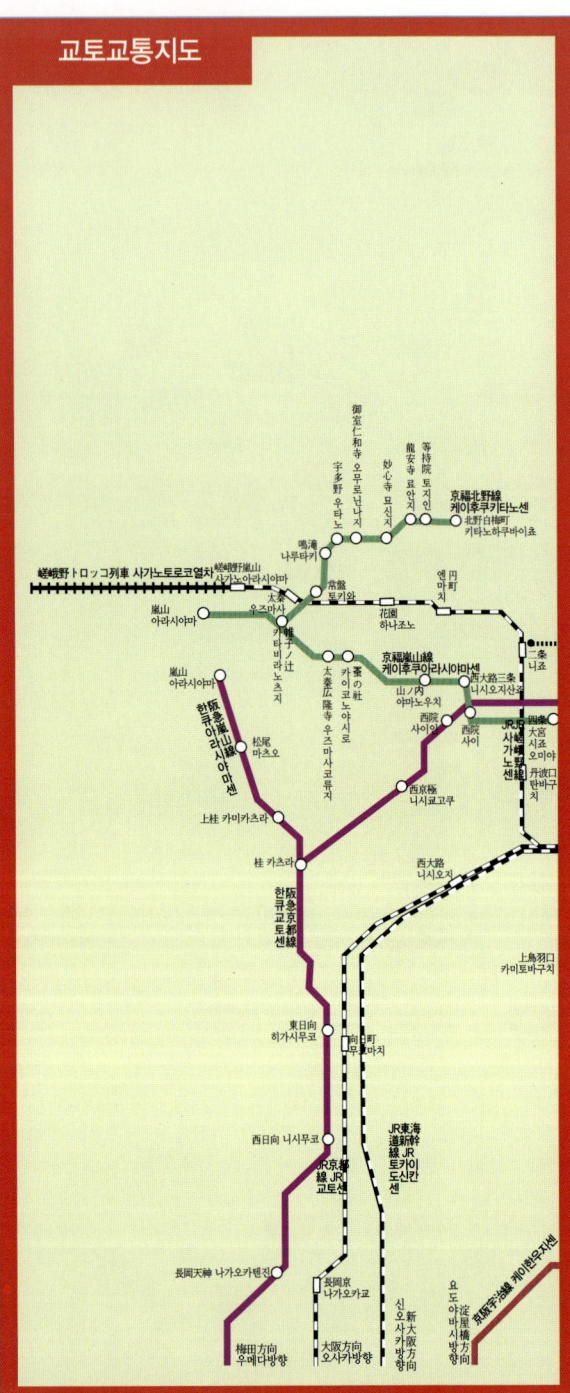

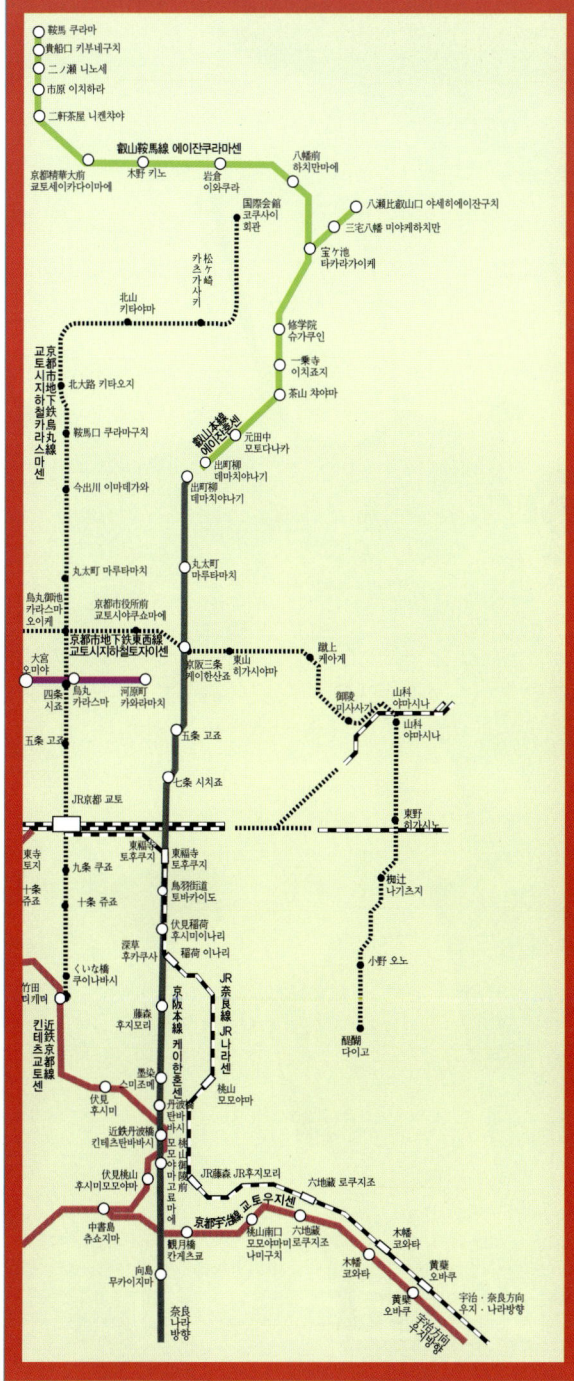

마이코 변신 체험

우아한 자태로 사람들의 이목을 끄는 아름다운 게이샤는 교토를 찾는 외국 관광객들에게 깊은 인상을 남긴다. 교토를 찾는 사람들은 모두 한번쯤 게이샤로 분장해보고 싶어 한다. 교토 시내의 여러 전문 숍에서는 게이샤(芸者[げいしゃ]:일본 기생)와 마이코(舞妓[まいこ]:일본 전통 무용수) 의상을 대여하므로 직접 입어볼 수도 있고, 어떤 곳은 작은 스튜디오가 마련되어 있어 전문 사진사와 촬영을 하며 재미난 여행의 추억을 만들 수 있다.

시간대를 잘 선택하자

매년 봄과 가을은 교토에 관광객들이 가장 많이 몰리는 시기이다. 게이샤 또는 마이코로 변신해 보려는 사람들 또한 이때 가장 붐빈다. 게이샤로 변신할 수 있는 대부분의 전문 숍은 당일 신청도 가능하지만, 혹시 예약이 다 찰 수도 있으므로 하루 전에 전화(간단한 영어 또는 일본어 사용) 또는 인터넷으로 예약하는 것이 좋다.

예약할 때 시간을 잘 정하는 것이 중요하다. 왜냐하면 화장하고 옷을 입는 데 한 시간 정도, 스튜디오에서 전문 사진사가 촬영해주는 것이 약 20분 정도 소요되고, 옷을 입고 자유롭게 산책할 수 있는 시간이 주어지기 때문이다. 햇볕이 뜨거운 시간을 피해서 오후 두 시 정도로 예약하면 나중에 산책하기에도 좋다.

예뻐지려면 답답해도 참자

변신에 들어가기 전에 먼저 일본 전통의상 전용 내의를 입어야 한다. 이때 브래지어와 팬티 외의 것은 다 벗어야 한다.(어떤 곳에서는 모두 벗어야 하는 곳도 있다.) 그 다음 타비(足袋)라는 일본 버선을 신어야 하는데 신기가 상당히 어렵다.

다음은 화장하기! 백색 분이 머리에 묻지 않게 하기 위해 먼저 머리를 망과 가발로 감싼 다음, 원래의 화장을 지우고 얼굴, 목, 가슴 윗부분까지 화장이 벗겨지지 않게 하는 게이샤용 기름을 바른다. 그다음 목, 가슴 윗부분과 얼굴에 시원한 백색 크림을 바르고 그 위에 백색 분을 바른다. 아이라인과 눈썹을 그리고 빨간색 아이섀도를 칠한 후 마지막으로 연지를 이용하여 마름모 모양의 입술을 만든다.

옷을 고르면, 도우미들이 겹겹의 내의와 여러 가닥의 줄로 몸을 묶어준다. 겉옷을 입은 다음에는 화려한 허리띠를 맨다. 마이코는 허리띠를 몸 뒤쪽에 길게 늘어뜨리고, 게이샤는 가방 모양의 허리띠를 하는 것이 특징이다.

마지막으로 가발쓰기! 가발은 두 가지가 있다. 단순하게 모자처럼 머리에 쓰는 것을 카츠라(かつら)라고 하고, 자신의 머리와 가발을 함께 묶어 진짜 머리 같아 보이는 것을 한카츠라(半かつら)라고 한다. 일반적으로 게이샤 변신체험을 할 때는 모두「카츠라」를 사용하는데 만약 한카츠라를 원한다면 추가 비용이 든다. 아주 가까이서 촬영하지 않는다면 카츠라가 적당하다.

마이코 변신체험

나도 이름난 마이코 모델

　변신이 완료되면 촬영이 시작된다. 만약 스튜디오를 선택했다면, 아름다운 배경에서 촬영을 할 수 있다.
　야외촬영을 원한다면「마이코 체험과 야외촬영 플랜」코스를 선택하여 스튜디오 촬영 후 전문 사진사와 함께 야외의 아름다운 경치를 배경으로 잡지의 표지모델처럼 사진촬영을 할 수 있다.
　촬영과 산책을 마친 후 스튜디오로 돌아오면 직원들이 화장을 지워준다. 간단한 화장품과 화장도구도 무료로 비치되어 있어 평소처럼 단장할 수 있다. 그러는 동안 스튜디오에서는 촬영했던 사진들을 인화하여 돌아갈 때 가져갈 수 있도록 준비해준다.
　마이코 변신 과정은 약 4시간 정도 소요되며, 어른들뿐만 아니라 아이들의 복장도 준비되어 엄마와 함께 체험할 수 있다. 남성도 일본무사로 분장할 수 있어 여행 중 가장 잊지 못할 추억이 될 것이다.

교토의 알짜정보
마이코와 게이샤 분장 전문 숍

전문 미용사가 가발을 씌워주고 얼굴에 하얗게 화장을 해주어 누구나 우아한 마이코로 변신할 수 있다. 스튜디오에서 촬영을 할 수도 있고 마이코 분장을 한 채로 산책을 하고, 인력거를 타고 교토를 누빌 수도 있다.

벚꽃이 만개하는 봄이나 단풍이 아름답게 물드는 가을은 교토에 관광객이 가장 많은 계절이다. 그

쿄기온 아야 京ぎをん彩
- P24A2
- 시영버스 12, 46, 100, 201, 202, 203, 207번 승차, 기온(祇園)에서 하차, 야사카신사(八坂神社) 남문 부근의 작은 골목에 위치
- 교토시 히가시야마구 기온 시모카와라쵸(京都市東山区祇園下河原町499)
- (075)532-6666
- 9시~20시(17시30분까지 접수 가능)
- 기본 코스 ¥12,000(스튜디오에서 촬영), 산책 코스 ¥14,500(스튜디오에서 촬영 후 60분 정도 산책 : 가장 인기가 있는 코스), 기온 코스 ¥28,000(스튜디오에서 촬영 후, 전문작가가 동반하여 야외촬영) 등이 있다.
- www.kyoto-maiko.com
- 근처의 명소로는 야사카신사(八坂神社), 이시베이코지(石塀小路), 코다이지(高台寺), 네네노미치(ねねの道)가 있다. 이곳은 가발을 무료로 대여하고 있다.

마이코 변신 스튜디오 · 시키 舞妓変身スタジオ四季
- P24B4
- 시영버스 100, 202, 206, 207번 승차, 키요미즈미치(清水道)에서 하차 후 도보10분. 니넨자카(二年坂)에 위치
- 교토시 히가시야마구 코다이지 미나미몬 마스야쵸(京都市東山区高台寺南門枡屋町351-16)
- (075)531-2777
- 9시~20시(17시까지 접수 가능)
- 마이코 스튜디오 촬영 코스 ¥9,975(스튜디오에서 촬영), 마이코 산책 코스 ¥13,000(스튜디오에서 촬영 후 60분 정도 산책), 야외촬영 코스 ¥18,000(스튜디오에서 촬영 후, 전문작가가 동반하여 야외촬영)
- www.maiko-henshin.com
- 근처의 명소로는 코다이지(高台寺), 니넨자카(二年坂), 산넨자카(三年坂), 야사카노토(八坂の搭)가 있다. 가발 대여료는 ¥2,100이며, 게이샤 분장은 위의 금액에서 ¥2,100이 추가된다.

유메공방 夢工房
- P24A5
- 시영버스 100, 202, 206, 207번 승차, 고죠자카(五条坂)에서 하차 후 도보3분
- 교토시 히가시야마구 히가시오지고죠아가루 유교마에쵸 도미토리키요미즈(京都市東山区東

래서 전화 또는 인터넷으로 예약을 하는 것이 가장 좋지만, 만일 예약이 꽉 차지 않았다면 당일에 직접 찾아가도 된다. 아래의 전문 숍들은 인력거를 제공하고, 인력거의 가격은 10분에 ￥3,000 정도이다.

전문 숍에 관한 정보는 2006년 발표된 자료로 작성되었으며, 매년 가격과 관련 자료는 각 전문 숍의 홈페이지를 참고하자.

마이코 변신체험

大路五条上る遊行前町583-3 ドミトリーきよみず1F)
- ☎ (075)661-0858
- ℻ (075)661-8677
- ⊙ 평일 10시~20시, 토요일과 공휴일 9시~20시(18시까지 접수 가능)
- $ 인력거 산책 코스 ￥18,375, 마이코 체험 ￥9,975(스튜디오 촬영 포함), 마이코 체험＋자유산책 ￥13,125(스튜디오 촬영과 야외 자유산책 포함), 모녀 코스 ￥18,900(모녀가 같이 마이코로 변신하여 스튜디오 촬영).
- 🌐 yumekoubou.info
- ❗ 근처의 명소로는 키요미즈데라(清水寺), 니넨자카(二年坂), 산넨자카(三年坂), 야사카노토(八坂の塔)가 있다.

펜션 기온 ペンション祇園

- ⓐ P23B4
- 🚌 시영버스 12, 46, 100, 201, 202, 203, 206, 207번 승차, 기온(祇園)에서 하차 후 도보5분. 하나미코지(花見小路) 내에 위치
- 🏠 교토시 히가시야마구 하나미코지사가루 야스이코마츠초(京都市東山区花見小路下ル安井小松町562)
- ☎ (075)525-2152
- $ 마이코 변신과 1일 료칸(旅館) 숙박 ￥18,500, 숙박만 원할 시 1인실 ￥8,000, 2인실 1인당 ￥6,500. 여관의 주인이 대대로 게이샤 출신이며, 여관에 숙박하면 특별가격으로 게이샤 분장을 할 수 있고, 자유롭게 야외촬영도 할 수 있다.
- 🌐 www.gion-souen.com
- ❗ 근처의 명소로는 하나미코지(花見小路), 기온(祇園) 일대가 있다.

마이코자카 舞妓坂

- ⓐ P24A5
- 🚌 시영버스 100, 202, 206, 207번 승차, 고죠자카(五条坂)에서 하차 후 도보3분
- 🏠 교토시 히가시야마구 고죠하시히가시(京都市東山区五条橋東6-583-70)
- ☎ (075)531-1166
- ⊙ 10시~18시
- $ 마이코 체험 ￥10,500(한카츠라 : ￥13,500), 게이샤 체험 ￥12,600(야외 자유산책 50분 선택 시 ￥3,000 추가)
- 🌐 www.maiko-taiken.com
- ❗ 근처의 명소로는 키요미즈데라(清水寺), 니넨자카(二年坂), 산넨자카(三年坂), 야사카노토(八坂の塔)가 있다.

라쿠토 洛東
RAKUTOU

라쿠토

洛東 RAKUTOU

교토의 라쿠토 지역은 교토의 고전적인 운치를 한껏 느끼게 해주는 곳이다. 봄이면 벚꽃이 만개하는 유명한 세계문화유산인 키요미즈데라(清水寺)와 기온의 꽃길을 거닐고, 여름에는 오래된 가옥을 개조한 고풍스러운 강변의 식당에서 카와유카요리(川床料理)를 맛보며 잠시 더위를 잊는다. 가을에는 아름답게 물들어 가는 코다이지(高台寺)의 단풍을 감상하고, 겨울에는 제야의 종소리가 울려 퍼지는 치온인(知恩院)을 방문한다. 어느 계절에 방문할지라도 라쿠토(洛東)지역은 교토여행의 매력을 가장 잘 느낄 수 있는 곳이 될 것이다.

교통정보

◎ 1.교토(京都)역에서 키요미즈데라(清水寺), 기온(祇園), 카와라마치(河原町)행 시영버스를 이용 2.지하철 카라스마센(烏丸線) 시죠(四條)역에서 도보10분

명소

키요미즈데라

清水寺 Kiyomizudera

◈ P27B3

🚌 1.교토(京都)역에서 시영버스 100, 206번 승차, 고죠자카(五条坂)에서 하차 후 도보5분 2.한큐가와라마치(阪急河原町)역에서 시영버스 207번 승차, 키요미즈데라(清水寺)에서 하차 후 도보10분

🏠 교토시 히가시야마구 키요미즈(京都市東山区清水1-294)

☎ (075)551-1234

📠 (075)551-1287

🕕 6시~18시

㊡ 연중개방

💲 입장료 대인 ¥300, 초중생 ¥200

키요미즈데라(清水寺)는 778년에 세워진 헤이안(平安) 시대의 건축물로, 유구한 역사와 더불어 경내의 오토하노타키(音羽の滝)로도 유명하다.

1633년에 증축된 키요미즈데라 본전의 건축양식은 매우 소박하다. 본전 앞에 나무로 된 난간은 키요

라쿠토

명소

미즈부타이(清水舞台)라고도 불린다. 절벽 위에 139개의 나무 기둥을 사용하여 지어서 '공중에 떠'있다고 불리는 키요미즈부타이는 목재를 서로 끼워 맞추는 고도의 기술을 사용하여 어느 한 기둥도 흔들림이 없어 보는 사람들의 감탄을 자아낸다.

12미터 높이의 봉우리 위에 지어진 4층 높이의 키요미즈데라에서는 초봄의 만개한 벚꽃이 하얗게 흩날리는 비경을 감상할 수 있다. 또한 가을이 깊어갈 무렵, 붉게 물드는 단풍 등, 어디에도 비할 수 없는 자연의 아름다움을 감상할 수 있다.

오토하노타키 音羽の滝

키요미즈데라의 '오토하노타키'는 예로부터 신비한 힘을 가지고 있다고 알려져 왔다. 일본의 10대 약수 중의 하나이며, 금색수(金色水), 연명수(延命水)라는 별칭을 가지고 있다. 이곳의 물을 마시면 질병과 재난을 예방할 수 있다고 전해지기 때문에 이곳을 찾은 여행객들은 물을 마시기 위해 항상 길게 줄을 서서 기다린다.

지슈신사 地主神社

지슈신사는 사랑을 이루어주는 신을 모신 곳으로 연애신사(恋愛神社)라고도 불린다. 지슈신사의 본전 앞에는 17~18미터 정도 거리를 두고 마주 선 코이우라나이노이시(恋占いの石)라는 바위가 있는데 두 눈을 감고, 마음속으로 사랑하는 사람의 이름을 부르며 이쪽 바위에서 저쪽 바위로 가면 사랑이 이루어진다는 전설이 있다.

세이류에 青竜会

- 봄 : 3월 15, 16, 17일, 4월 3일 오후 2시부터 개방. 가을 : 9월 15, 16, 17일 오후 3시부터 개방

키요미즈데라의 동쪽 산기슭에 세이류(青竜) 지역이라고 불리는 곳이 있다. 관세음보살의 화신인 청룡이 키요미즈데라의 오토하노타키에 물을 마시러 내려왔다고 전해지는데, 매년 봄, 가을이 되면 키요미즈데라 경내에서 성대한 세이류에(青竜会)를 개최한다.

라쿠토

- 其中庵 키츄안
- 長楽寺 쵸라쿠지
  - 本堂 혼도

- Hotel りょうぜん 호텔료젠

- 仁王門 니오몬
- 三重塔 산쥬노토
- 随求堂 스이구도
- 地主神社 지슈신샤
- 経堂 쿄도
- 釈迦堂 샤카도
- 清水寺 키요미즈데라
- 阿弥陀堂 아미다도
- 清水舞台 키요미즈부타이
- 忠僕茶屋 쥬보쿠챠야
- 音羽の滝 오토하노타키

코다이지

高台寺 Kodaiji

- P27B2
- 1.교토(京都)역 앞에서 시영버스 206번 승차, 히가시야마 야스이(東山安井)에서 하차 후 도보5분 2.한큐카와라마치(阪急河原町)역에서 시영버스 207번 승차, 히가시야마 야스이(東山安井)에서 하차 후 도보5분
- 교토시 히가시야마구 코다이지 시모카와라마치(京都市東山区高台寺下河原町526)
- (075)561-9966
- 9시~17시(17시30분 폐관) ; 다과회를 여는 기간은 6월 하순에서 8월 중순의 금요일에서 일요일까지, 9월은 금요일에서 일요일까지, 12월에서 3월 동계기간에도 다과회는 열린다. 10월 6일에 키타노만도코로(北政所)라는 큰 다과회가 있고, 다과회 시간은 16시~20시이다. (반드시 사전에 예약해야 함)
- 입장권 ¥600, 다과회 좌석권 ¥600
- 벚꽃 피는 봄과 단풍 지는 가을의 야간 점등 행사는 일몰부터 21시30분까지 (대략 구분하면 3월11일 ~ 5월17일, 10월 20일 ~ 12월3일)

코다이지(高台寺)는 단풍으로 유명한 곳 중 하나로 마루야마공원(円山公園)과 키요미즈데라 사이에 위치하고 있다. 토요토미 히데요시(豊臣秀吉) 장군이 죽은 후 그의 부인 네네(ねね)가 말년에 불법을 수련한 곳으로 아래의 작은 돌길은 네네노미치(ねねの道)라고 불린다.

코다이지의 예전 이름은 '코다이쇼주젠지(高台聖寿禅寺)'였으나 1624년에 켄닌지(建仁寺)에서 온 산코오쇼(三江和尚)가 절을 세우고 주지가 되면서 코다이지로 이름을 바꾸었다. 이 절 안에 있는 카이산도(開山堂), 미타마야(霊屋), 카사테이(傘亭), 시구레테이(時雨亭), 오모테몬(表門), 칸게츠다이(観月台) 등은 모두 국보급 건축 문화재이다.

카사테이와 시구레테이는 이층 건물로 서로 마주보고 있다. 카사테이는 일본의 전통 건축양식 중의 하나인 센리큐(千利休) 양식으로 지어진 다실로 후시미성(伏見城)에서 이곳으로 옮겨졌다. 이밖에 이호인(遺芳庵)과 오니가와라세키(鬼

라쿠토

명소

瓦席)는 코다이지의 대표적인 다실이다. 카사테이와 시구레테이의 위층에 앉아서 선선한 바람을 벗 삼아 차를 마시며 코다이지의 본당과 정원의 아름다운 경치를 감상할 수 있다. 코다이지의 정원은 교토 정원 예술의 대표작으로 코보리 엔슈(小堀遠州)의 작품이다. 이곳에는 큰 전나무 껍데기가 겹쳐진 지붕의 칸게츠다이가 있다.

코다이지는 교토에서 벚꽃을 제대로 감상할 수 있는 명소 중 하나로 특히 저녁 점등 행사가 유명하다. 코다이지는 특별히 정원 관광과 다과회 일정을 맞추어 다과회를 저녁에 개최함으로써 차를 마시면서 코다이지의 독특한 야간 점등 행사를 즐길 수 있게 하였다.

테츠가쿠노미치

哲学の道

P27

교토(京都)역에서 시영버스 5, 17, 100번 승차, 긴카쿠지미치(銀閣寺道)에서 하차

교토시 사쿄구 긴카쿠지마에(京都市左京区銀閣寺前)

테츠가쿠노미치는 교토에서 산책하기에 가장 좋은 길일 뿐 아니라 벚꽃을 감상할 수 있는 명소이다. 옛날에 철학자 니시다 키타로(西田幾多郎)가 이곳에서 산책하면서 사색하기를 즐겨 테츠가쿠노미치라는 이름으로 불리기 시작했다. 길 양쪽에는 총 500그루 정도의 칸세츠 사쿠라(関雪桜)가 심어져 있다. 타이쇼(大正) 10년에 교토 화단의 주류에 속해있던 화가 하시모토 칸세츠(橋本関雪)가 부인과 함께 이곳에 벚꽃을 심어서 칸세츠 사쿠라라고 이름 지어졌다고 한다.

테츠가쿠노미치의 벚꽃은 대부분 3월말, 4월초에 활짝 핀다. 이맘때에는 관광객들로 인산인해를 이루며, 벚꽃들도 서로 경쟁이라도 하듯 흐드러지게 피어있다. 흰색과 분홍색 꽃잎이 눈처럼 흩날리는 모습이 너무나도 아름다워 탄성이 절로 나온다.

기온

祇園 Gion

P26

교토(京都)역에서 시영버스 206, 100번 승차, 기온(祇園)에서 하차

기온(祇園)은 과거, 교토의 홍등가로 유명한 곳이었다. 현재도 게이샤, 마이코들의 모습을 볼 수 있는 유흥가이다.

날이 어두워지기 시작하면 빨간 등이 켜지고, 거리에는 마이코들이 눈에 띄기 시작한다. 그들은 종종걸음으로 바쁘게 지나가기 때문에 함께 사진 찍기가 좀처럼 쉽지 않다. 기온 거리에서 그들의 아름다운 자태를 보는 것만으로도 깊이 인상에 남을 것이다.

마루야마 공원

円山公園 Maruyamakoen

P27B1

교토(京都)역에서 시영버스 206, 100번 승차, 기온(祇園)에서 하차

야간벚꽃감상:3월말~4월 중순

마루야마 공원은 교토에서 벚꽃을 감상할 수 있는 유명한 곳으로 야사카신사(八坂神社)와 이어져 있다. 가운데 연못을 중심으로 850여 그루의 각종 벚꽃나무가 심어져 있으며 그중 이미 70년의 역사를 가지고 있는 「기온요자쿠라(祇園夜桜)」가 가장 주목 받는다.

기온마츠리 祇園祭り

- 요이요이 요이야마「宵々宵山」, 요이 요이야마「宵宵山」, 요이야마「宵山」: 교토 역에서 마츠리 기간 임시 운영 버스 이용, 카라스마 붓코지(烏丸仏光寺)에서 하차 후 도보
야마호코쥰코「山鉾巡行」: 교토 지하철 카라스마센(烏丸線) 이용, 시죠(四条)역 또는 카라스마 오이케(烏丸御池)역에서 하차 후 도보 1분, 시조 카와라마치(四条河原町)역에서 시영버스 이용, 기온에서 하차 후 야사카신사(八坂神社)까지 도보
- 7월1일부터 한 달 동안의 중요 행사는 다음과 같다.: 7월17일~16일 저녁「요이요이 요이야마(宵々宵山)」,「요이 요이야마(宵宵山)」,「요이야마(宵山)」; 7월17일 9시~ 신코사이(神幸祭) ; 7월20일~22일 10시, 12시, 18시, 20시 쿄겐호노(狂言奉納)(야사카신사) ; 7월24일 10시 하나가사쥰코(花傘巡行), 17시 칸코사이(還幸祭)(야사카신사)
- 야사카신사(八坂神社), 카와라마치 시사카도리(河原町四坂通リ) 일대

기온마츠리는 천여 년의 역사를 가지고 있으며, 아오이마츠리(葵祭), 지다이마츠리(時代祭)와 같이 교토의 삼대 마츠리에 속한다. 7월 1일부터 시작하여, 한 달 가까이 계속된다. 기온마츠리의 중요 행사인「야마호코다이샤(山鉾台車)」는 구 법제를 따라 제작된 것으로 10미터 높이의 마차를 목재와 노끈으로 연결하고 못은 전혀 사용하지 않는다. 마차의 꼭대기에는 역병을 몰아낸다는 긴 창을 묶고, 네 면은 화려한 장식의 비단으로 장식한다. 안에는 악사들이 앉을 수 있게 되어 있다.

7월 15일「요이 요이야마(宵々山)」와 7월 16일「요이야마(宵山)」는 전야제이다. 각 마을마다 가마에 화려한 장식과 등을 달고, 주민들이 피리, 큰북, 징을 함께 연주하면 분위기는 절정에 다다른다.

7월 17일의「야마호코쥰코(山鉢巡行)」는 40개의 거대한 마차들이 시내를 돌아다니는 날로, 이날 기온마츠리는 최고조에 다다른다.

7월 24일의 칸코사이(還幸祭), 7월 31일의 에키진쟈나츠고에마츠리(疫神社夏越祭リ)로 기온마츠리의 대미를 장식한다. 규칙적인 전통음악의 선율, 야마호코(山鉾) 마차의 장관, 열정적인 함성 속에서 고대의 번영을 체험할 수 있는 좋은 기회가 될 것이다.

하나미코지
花見小路

◆ P26A2
◆ 교토(京都)역에서 시영버스 206, 100번 승차, 기온(祇園)에서 하차

하나미코지는 일본풍의 대표적인 유흥가이다. 전통무용을 공연하는 기온코부 카부렌조(祇園甲部歌舞練場), 전통예술을 공연하는 기온코너(祇園コーナー)와 더불어 게이샤가 공연하는 찻집과 고급 요정들이 밀집해 있다. 이곳의 고전적인 목조건축물은 주변의 풍경과 어우러져 옛 일본의 정취가 느껴진다.

하나미코지 입구 쪽에는 베니가라코시(紅殼格子:붉게 칠한 격자문)가 있는 고급 찻집「이치리키(一力)」가 있는데, 하나미코지의「하나미(花見)」라는 말이 바로「이치리키(一力)」내의 활짝 핀 아름다운 벚꽃 풍경에서 지어졌다고 한다.

시라카와
白川

◆ P26A1
◆ 교토(京都)역에서 시영버스 206, 100번 승차, 기온(祇園)에서 하차

시라카와는 교토의 풍미가 깊이 녹아있는 곳 중의 하나이다. 에도(江戶)시대 말기의 찻집 건축물들과 교토의 전통주택인 이층 구조의 목조건축물들이 많이 보존되어 있는데, 그 섬세한 외관이 눈길을 끈다. 현재 시라카와 골목에 있는 전통가옥들은 마이코들이 드나드는 고급 요정이 아니라 독특한 분위기를 가진 신식 찻집으로 변화되었다.

봄에는 시라카와 골목의 오솔길 양쪽에 심어진 백색의 벚꽃과 푸르른 버드나무를 볼 수 있다.

시라카와에 두 개의 다리 또한 관광객들이 벚꽃을 감상할 수 있는 아름다운 곳이다.

야사카신사
八坂神社 Yasakajinja

- P26B2
- 교토(京都)역에서 시영버스 206, 100번 승차, 기온(祇園)에서 하차
- 교토시 히가시야마구 기온마치키타가와(京都市東山区祇園町北側625)
- (075)561-6155
- 자유참배
- 무료

향불과 연기가 꺼지지 않는 야사카신사는 일본 관서지방의 가장 유명하고 오랜 역사의 신사이다. 동시에 마이코들도 이곳을 자주 찾는다. 교토 사람들은 야사카신사를 기온상(祇園さん)이라고 부른다. 기온즈쿠리(祇園造り)라고 불리는 독특한 양식의 대전은 시죠도리(四条通り)와 마주보고, 히가시오지(東大路)에서는 정면에 위치한다. 또 9.5미터 높이의 대형 토리이(鳥居)가 서있고, 적색 문에 녹색 기와는 교토의 대표적인 풍경이 되었다.

대전에 상인들이 걸어놓은 많은 등을 보면 야사카신사가 교토의 상인들에게 얼마나 사랑받는 곳인지 알 수 있다. 밤이 되면 이 등들이 신락전을 더욱 아름다워 보이게 한다.

기온 미나미좌
祇園 南座 Gion minamiza

- P26A2
- 교토(京都)역에서 시영버스 206, 100번 승차, 기온(祇園)에서 하차

카모가와(鴨川)의 시죠오하시(四条大橋) 방면에 위치한 미나미좌는 옛 풍모를 그대로 간직하고 있는 매우 호화롭고 눈에 띄는 건축물이다. 일본 전통예술의 하나인 가부키(歌舞伎)를 공연하는 극장으로 가부키 공연 외에도 유명한 스타나 저명한 연주자들의 공연이나 오락성 짙은 희극공연도 열린다.

기온코너

祇園コーナー

- P26A2
- 시영버스 12, 46, 100, 201, 202, 203, 206, 207번 승차, 기온(祇園)에서 하차. 하나미코지(花見小路)에 위치
- 교토시 히가시야마구 기온마치미나미가와(京都市東山区祇園町南側570-2)
- 561-1119
- 일인당 ￥2,800
- 19시~, 20시~ (3월~11월29일)
- 휴관 : 12월28일~1월5일, 8월16일(단 12월12일~2월28일은 금요일, 토요일과 공휴일은 평소와 같이 공연)
- 예약이 필요 없고 당일 입장 가능. 공연은 각각 저녁 7시와 8시에 있다.

기온코너는 하나미코지의 코부카부렌죠(甲部歌舞練場) 방면에 있다. 매일 저녁 고정적으로 일본전통예술 공연이 있으며 마이코의 공연인 쿄마이(京舞) 외에도 다도, 가야금, 꽃꽂이, 전통인형극, 궁중음악, 쿄겐(狂言:일본식 마당놀이)공연이 이어진다. 약 한 시간가량 이 전통의 세계에 빠져보는 것도 여행의 소중한 추억이 될 것이다.

기온코부 카부렌죠 (미야코오도리)

祇園甲部歌舞練場(都をどり)

- P26A2
- 시영버스 12, 46, 100, 201, 202, 203, 206, 207번 승차, 기온(祇園)에서 하차 후 하나미코지(花見小路) 방향으로 도보5분
- 교토시 히가시야마구 기온 하나미코지(京都市東山区祇園花見小路)
- (075)561-1115
- 4월 한 달
- 지정석 ￥4,300(차 포함) 1등 지정석 ￥3,800, 2등 3층 자유석 ￥1,900

기온코부의 마이코와 게이샤 공연은 교토의 전통 중 하나로, 고전적인 복장은 물론이고 그 배경 또한 역사가 아주 깊다. 춤과 노랫말은 이해하기 어렵지만, 이야기의 흐름은 쉽게 알 수 있다. 화려하고 정교한 무대 또한 볼 만하여, 절대 비용이 아깝지 않을 것이다.

＊미야코오도리(都をどり)

1872년(明治5年)박람회의 여흥을 위해 처음 상연된 것으로 매년 4월에 기온에서 거행되는 게이샤들의 무용공연이다.

미야카와쵸 카부렌죠 (쿄오도리)

宮川町歌舞練場 (京をどり)

- P26A2
- 케이한혼센(京阪本線) 시죠(四条)역 동구리(団栗), 마츠바라(松原) 출구에서 도보8분
- 교토시 히가시야마구 미야카와스지(京都市東山区宮川筋4-306)
- (075)561-1151
- 지정석 ￥3,800(차 포함), 일반

라쿠토

명소

키요미즈자카
清水坂

P27B3

교토(京都)역에서 시영버스 206, 100번 승차, 키요미즈미치(清水道)에서 하차

키요미즈데라의 키요미즈자카는 각양각색의 특산품점이 모여 있어, 키요미즈데라를 찾은 관광객들의 발길을 붙잡는다. 키요미즈자카는 시치미케혼포(七味家本舗)에서 산넨자카(三年坂)와 고죠자카(五条坂)의 작은 두 거리로 뻗어나간다. 고죠자카에는 키요미즈야키(清水焼:찻잔, 향로 등의 특산품 도자기류)를 파는 상점과 공예품점이 많이 있다. 산넨자카(三年坂)는 키요미즈데라에서 코다이지(高台寺)로 가는 지름길이다.

석 ¥3,300

4월 초순 전 2주 공연

공연은 매일 정오에 시작된다. 공연의 배경은 보기만 해도 알 수 있는 교토의 명소인 킨카쿠지(金閣寺), 긴카쿠지(銀閣寺), 키요미즈데라(清水寺)로, 전통과 특색을 자랑한다.

*쿄오도리(京をどり)

1950년(昭和25年)에 시작된 마이코·게이샤의 무용공연으로, 교토의 명소, 명물을 춤으로 표현했다.

니넨자카, 산넨자카

二年坂, 二寧坂, 三年坂, 産寧坂

P27B2,B3

교토(京都)역에서 시영버스 206, 100번 승차, 키요미즈미치(清水道)에서 하차

일본어의 「사카(坂)」는 언덕이라는 뜻으로 니넨자카(二年坂)는 807년(大同2年)에, 산넨자카(三年坂)는 808년(大同3年)에 건설되어 연호가 곧바로 거리의 이름이 되었다.

키요미즈데라 입구의 인왕문 앞에는 순산을 기원하는 「안자관음(安子觀音)」(메이지(明治)말기에 경내의 남쪽 코야스토(子安搭)에 옮겨짐)이 있었는데, 일본어로는 「삼녕(産寧 : 순산)」과 「삼년(三年)」의 발음이 비슷해서 산넨자카(三年坂)를 산네이자카(三寧坂)라고도 부르게 되었다.

이시베이코지

石塀小路

P27A2

교토(京都)역에서 시영버스 206, 100번 승차, 키요미즈미치(清水道)에서 하차

이시베이코지는 네네노미치(ねねの道)와 수직으로 만나는 고불고불한 작은 골목이다. 바닥의 돌길과 이층 건축물이 어우러져 교토의 전통을 느낄 수 있고, 유명 고급 요리집 타마한(玉半)은 우아한 품격을 자아내 문학가들의 사랑을 받고 있다.

이시베이코지 마메챠(豆ちゃ)(P.52)는 정갈한 요리로 유명하다. 무더운 여름 햇빛에 지친 발걸음을 멈추고 이 음식점에서 쉬며 우아한 분위기에 젖어보는 것도 좋을 것이다. 봄에는 「하나토로(花燈路)」행사가 있어 돌 언덕을 장식한 노등 덕분에 더욱 우아한 거리풍경이 된다.

라쿠토

명소

네네노미치
ねねの道

P27A1

교토(京都)역에서 시영버스 206, 100번 승차, 키요미즈미치(清水道)에서 하차

코다이지(高台寺) 아래로 난 돌길의 작은 골목이 그 유명한 네네노미치(ねねの道)다. 인력거들이 이곳에 차를 세워두고 관광객을 기다린다. 봄이 되면 네네노미치를 따라 아름다운 벚꽃 바다를 이룬다. 이 잉ㄹ대의 주택에도 벚꽃을 심어 놓아 멋진 풍경이 펼쳐진다.

야사카도리
八坂通り

P27A2

교토(京都)역에서 시영버스 206, 100번 승차, 키요미즈미치(清水道)에서 하차

야사카도리는 작은 언덕길이다. 언덕 높은 곳에 있는 오층탑이 바로「야사카노토(八坂の搭)」이다. 1500년 전 쇼토쿠태자(聖德太子)가 건설한 이 탑은 일본에서 가장 오래된 오층탑 양식이다. 재해로 여러 번 증축하여 현재 남아있는 탑은 1440년 막부장군 아시카가 요시노리(足利義教)가 재건한 것이다.

치온인

知恩院 Chionin

- P9C2
- 교토(京都)역에서 시영버스 100, 206번 승차, 치온인마에(知恩院前)에서 하차 후 도보 5분
- 교토시 히가시야마구 린카쵸(京都市東山区林下町400)
- (075)531-2111
- 9시~16시30분 (16시까지 입장) (12월~2월, ~15시40분)
- 호죠정원(方丈庭園) ¥400, 유젠엔(友禅苑) ¥300, 두 공원 공통 입장료 ¥500

정문 출입구에 3백여 년 된 웅장한 목조탑대문이 서있는데, 이것이 현재 일본에서 가장 큰 사찰탑문이다. 원사대전은 1619년에 건립됐고, 호넨(法然:정토종을 전파시킨 일본의 승려)의 인물상이 있다. 동북으로 각각 별당(「오호죠(大方丈)」, 「코호죠(小方丈)」)이 있다. 에도시대 이래로 이러한 형식의 건축물 중 가장 대표적인 걸작으로 안에는 일본화가 카리노 나오노부(狩野尚信), 노부마사(信政), 코이(興以) 등의 작품이 있다.

칸사이 지역 사람들은 매년 12월 31일, 치온인 종루의 종소리를 들으며 섣달 그믐날을 보내고, 새해를 맞이한다. 아주 춥고 눈이 오는 날

켄닌지

建仁寺 Kenninji

- P23B4
- 교토(京都)역에서 시영버스 206번 승차, 히가시야마 야스이(東山安井)에서 하차 후 도보 5분
- 교토시 히가시야마구 야마토오지시죠사가루 온쵸메 고마츠쵸(京都市東山区大和大路
- 9시~16시30분
- 입장료 ¥500
- 벚꽃시즌과 단풍시즌의 야간 점등 행사: 18시~22시(대략 3월12일~3월21일, 3월26일~4월4일, 4월25일~5월5일, 10월27일~12월3일), 입장료 ¥800

쇼렌인은 벚꽃과 단풍 감상으로 유명한 곳으로, 밤에는 등이 켜져

쇼렌인

青蓮院 Shyorenin

- P9C2
- 교토(京都)역에서 시영버스 5, 27번 승차, 진구미치(神宮道)에서 하차 후 도보 3분
- 교토시 히가시야마구 아와다구치산죠보쵸(京都市東山区栗田口三条坊町)
- (075)561-2345

라쿠토

명소

에도 참배객들의 행렬은 길게 이어지고, 종루를 돌며 타종 의식을 관람한다. 치온인에는 꼭 들러 보아야 할 아주 유명한 곳이 있다. 바로 「7대 불가사의」인데, 잃어버린 우산(忘れ傘), 꾀꼬리가 날아다니는 복도(鶯張りの廊下), 삼면묘(三方正面真向の猫), 백목관(白木の棺), 과생석(瓜生石), 큰 주걱(大杓子), 날아간 공작(抜け雀) 등 모두 재미있는 이야기가 전해지는 볼거리들이다.

四条下ル4丁目小松町584)
(075)561-0190
10시~16시
입장료 ¥500

켄닌지는 기온의 하나미코지 밑에 있으며 게이샤들이 오가는 유흥가와는 완전히 다른 세상 같은 곳이다. 일본 선종 임제종(禅宗 臨済宗)의 유명사찰로, 건물들이 모두 일직선상에 있어 매우 장관을 이룬다. 카레산스이정원(枯山水庭園)으로 유명한 호죠정원(方丈庭園) 이외에 일본의 국보인 타와라야 소오타츠(俵屋宗達)의 풍신뇌신도(風神雷神図)와 법당 천정에 있는 쌍용도(双竜図) 모두 놓쳐서는 안 될 중요한 볼거리이다.

그 풍경의 몽환적인 아름다움도 볼 수 있다. 역대 주지들 중에는 출가한 황실친왕이 많았고, 코카쿠천황(光格天皇)은 황궁이 화재로 소실되었을 때 잠시 이곳에서 머문 적이 있어, 쇼렌인과 황실의 관계는 매우 깊다.

류신노이케(龍心池)를 중심으로 둥글게 조성된 정원은 무로마치 시대(室町時代) 화가 소아미(相阿弥)

가 설계하였고, 북쪽에 철쭉으로 유명한 키리시마정원(霧島の庭)은 에도(江戸) 시대 다도의 명인 코보리 엔슈(小堀遠州)가 건설하였다.

헤이안 신궁
平安神宮 Heianjingu
- P9C2
- 1.교토(京都)역, 한큐카와라마치(阪急河原町)역, 케이한산죠(京阪三条)역에서 시영버스 5, 100, 206번 승차, 교토카이칸 비쥬츠칸마에(京都会館美術館前)에서 하차 후 도보5분 2.지하철 토자이센(東西線) 히가시야마(東山)역에서 도보15분
- 교토시 사쿄구 오카자키니시텐노쵸(京都市左京区岡崎西天王町97)
- (075)761-0221
- 6시~17시(여름 18시까지), 신엔(神苑) 8시30분~16시30분(여름 17시30분까지)
- 연중무휴
- 입장료 무료, 단 신엔(神苑) 입장료 ¥600

헤이안 신궁의 외관은 교토에서 보기 드문 화려한 건축물이다. 교토미술관 앞에서 멀리 신궁을 바라보면 가장 먼저 빨간색의 거대한 토리이(鳥居)가 눈에 들어온다. 매년 봄에는 만개한 벚꽃이 바다물결처럼 산죠도리(三条通リ)에서 이곳까지 이어진다.

헤이안 신궁은 헤이안(平安) 시대 황궁의 3분의 2의 비율로 지어졌으며, 모두 8개의 건축물이 있는데, 긴 복도를 따라 북쪽은 오텐몬(應天門), 남쪽은 다이고쿠덴(大極殿)이다. 평상시에는 백색의 모래를 깔아놓은 광장에서만 세심하게 다듬어진 주홍색 건물을 바라볼 수 있고, 특별 개방시간에 맞춰서 가면 뒤쪽에 있는 신엔(神苑)에 들어

난젠지
南禅寺 Nanjenji
- P9C2
- 1.교토(京都)역, 한큐카와라마치(阪急河原町)역, 케이한산죠(京阪三条)역에서 시영버스 5번 승차, 「난젠지(南禅寺), 에이칸도미치(永観堂道)」에서 하차 후 도보10분 2.지하철 토자이센(東西線) 케아게(蹴上)역에서 도보9분
- 교토시 사쿄구 난젠지후쿠치쵸(京

긴카쿠지
銀閣寺 Ginkakuji
- P9C2
- 교토(京都)역에서 시영버스 5, 100번 승차, 긴카쿠지미치(銀閣寺道)에서 하차 후 도보5분
- 교토시 사쿄구 긴카쿠지쵸(京都市左京区銀閣寺町2)
- (075)771-5725
- 8시30분~17시(12월1일~3월14일 9시~16시30분)
- 입장료 ¥500

긴카쿠지(銀閣寺)와 킨카쿠지(金閣寺)는 무로마치(室町) 시대의 아시카가(足利) 가문이 동일한 건축양식으로 지은 것이다.

킨쿄치(錦鏡池)를 중심으로 둥글게 조성된 정원은 아시카가 요시미츠(足利義滿)가 직접 설계하였다. 연못에 비치는 소나무와 바위의 그림자가 헤엄치며 거니는 비단잉어의 몸짓에 흔들리는 고요한 경관은 긴카쿠지가 유명해지면서 감상하기가 어려워졌다. 그래도 이른 아

가서 구경할 수 있다.

신엔에는 총 350그루의 벚꽃나무가 있어서 어디서든 벚꽃을 감상하기 좋다. 그중 미나미신엔(南神苑) 안에 있는 붉은색 가지에 핀 벚꽃은 일본 소설가 타니자키 쥰이치로(谷崎潤一郎)의 〈호소유키(細雪)〉라는 책에 등장하여 이곳 벚꽃에 문학적 분위기를 더해주고 있다.

라쿠토

◎ 명소

都市左京区南禅寺福地町86)
☎ (075)771-0365
◐ 8시40분~17시(12월~2월 16시30분까지)
休 12월28일~31일(휴관)
$ 경내 자유 관람. 호죠(方丈), 산몬(三門), 난젠인(南禪院) 관람 시 각 ¥500, ¥500, ¥300, 세 곳 공통 관람권 ¥1,000

난젠지는 일본 가마쿠라(鎌倉) 시대의 건축물로서 웅장하면서도 소박하다. 난젠지 길에서 산몬(三門)까지는 유도후(湯豆腐·두부탕) 음식점들이 자리잡고 있다. 가을에 오면 정원이 있는 식당을 찾아 두부요리를 즐기면서 햇빛 아래 붉게 물든 단풍을 감상할 수 있다.

난젠지에는 호죠정원(方丈庭園), 호죠(方丈), 산몬(三門), 난젠인(南禪院) 등이 있다. 난젠지의 산몬(三門)은 1627년에 세워진 목조건물로, 색감이 예스럽고 소박하면서 웅장한 멋이 있다.

침에는 여전히 긴카쿠지의 심오하고 유현한 멋을 느낄 수 있으므로 강력 추천한다.

카레산스이 정원 枯山水庭園

긴카쿠지의 카레산스이(枯山水)와 카이유시키(廻游式) 정원은 매우 아름답다. 카레산스이 정원에는 백색 모래가 깔려있으며 그 모래를 높이 쌓은 코게츠다이(向月台)가 있는데, 마치 후지산의 망월대처럼 보인다. 이는 보름날에 달빛이 건물 안을 비추도록 설계한 것으로 비범한 아름다움을 보여준다.

에이칸도

永観堂 Eikando

- P9C2
- 1.교토(京都)역, 한큐카와라마치(阪急河原町)역, 케이한산죠(京阪三条)역에서 시영버스 5, 57번 승차, 「난젠지(南禅寺), 에이칸도미치(永観堂道)」에서 하차 후 도보10분 2.지하철 토자이센(東西線) 케아게(蹴上)역에서 도보12분
- 교토시 사쿄구 에이칸도마치 48(京都市左京区永観堂町 48)
- (075)761-0007
- 9시~17시(16시까지 입장)
- 11월 휴관
- 입장료 ￥600

에이칸도는 교토의 단풍 명소 중 하나로 낮 시간뿐만 아니라 저녁에도 관광객들로 붐빈다. 단풍은 입구부터 시작하여 본당과 좌측 정원까지 이어진다. 경내에는 여러 건물들이 있는데, 각 건물은 복도로 연결되어 있다.

본당 안에 있는 아미타여래좌상(阿彌陀如来座像)은 줄을 서서 관람할 정도로 유명하다. 특이한 점은 불상이 앞면을 보고 있는 것이 아니라 왼쪽으로 고개를 돌리고 있어 일반적으로 미카에리아미타(みかえり阿彌陀:돌아보는 아미타불)라고 부른다.

호넨인

法然院 Honenin

- P9C2
- 교토(京都)역에서 시영버스 5번 승차, 죠도지(浄土寺)에서 하차 후 도보12분
- 교토시 사쿄구 시카가타니고쇼노단쵸(京都市左京区鹿ヶ谷御所ノ段町30)
- (075)771-2420
- 6시~16시(본당 특별 관람일, 봄 9시30분~16시, 가을 9시~16시)
- 경내 관람 무료. 본당 특별 관람일: 봄 (4월1일~7일) ￥500, 가을 (11월1일~7일) ￥800

호넨인은 1680년에 일본 불교 정토종을 전파시킨 호넨(法然)을 기념하기 위해 세워졌다. 호넨인의 본당에는 아미타불여래좌상이 있다. 연못을 따라 조성된 정원과 대문호 코자키 쥰이치로(公崎潤一郎)의 묘도 원내에 안치되어 있다. 호넨인은 봄에는 그윽한 차향으로 유명하고, 가을에는 단풍으로 유명하다. 화려한 단풍들이 소박한 산 입구까지 물들고, 산 입구에 있는 찻집의 빨간 우산과 나뭇가지의 단풍이 서로 고운 빛을 낸다.

스나모리 砂盛

길 양쪽에 백색 모래더미로 이루어진 스나모리가 있다. 모래 위의 화초, 물무늬 등의 도안은 맑고 깨끗한 물을 상징하며, 스나모리를 지나가면 몸이 청렴결백해진다는 의미가 있다.

🛍 쇼핑

신몬젠도리, 후루몬젠도리
新門前通り, 古門前通り

- P23B3, B2
- 지하철 토자이센(東西線) 산죠케이한(三条京阪), 케이한 전철(京阪電鉄) 이용, 케이한산죠(京阪三条)역에서 하차 후 도보4분

- 기온 시라카와(祇園白川) 부근의 두 거리

치온인 서쪽, 시라카와 버드나무 거리의 돌다리를 건너면 바로 후루몬젠도리와 신몬젠도리가 나온다. 과거 치온인의 참배객들이 다니던 길로 지금은 골동품 거리로 유명하다. 이곳에는 약 70여 곳의 골동품 상가가 있어 외국인들이 물건을 사는 모습을 자주 볼 수 있다.

메이지(明治) 시대, 외국 관광객들이 많이 머물렀던 미야코 호텔(都ホテル : 현재 Kyoto Westin Miyako Hotel), 마루야마 공원(円山公園)의 사아미(左阿彌)와 카와라마치(河原町)의 죠반 호텔(常磐ホテル : 현재 Kyoto Okura Hotel) 등에서 교토 중심가로 가기 위해서는 신몬젠도리, 후루몬젠도리를 꼭 지나야 했다. 그래서 관광객들을 상대로 하는 골동품 가게와 예술품 상점들이 점점 몰려들기 시작한 것이다.

이곳의 상품은 도자기, 병풍, 고서, 일본 골동품 인형, 불상, 우키요에(浮世繪·풍속화) 등이 주류를 이루는데, 도자기는 가격대가 다양하고, 유명 작가의 작품들도 있어 둘러보는 재미가 있으며, 옛 거리의 정취를 느낄 수 있다.

라쿠토 🛍 쇼핑

햐쿠만벤시
百万遍市 Hyakumanbensi

- P9C2
- 교토(京都)역에서 시영버스 17, 102, 201, 203, 206번 승차, 햐쿠만벤시(百万遍市)에서 하차
- 교토대학(京都大学) 부근의 이마데가와도리(今出川通り)와 히가시오지도리(東大路通り)의 교차점
- 매월 15일, 9시~일몰까지(우천 시에도 개장, 단 호우 시 16일로 연기)

햐쿠만벤시는 교토의 대학생들이 좌판을 여는 시장이다. 예술적 기질이 있는 젊은 학생들이 자신이 직접 그린 그림, 수공 염색 옷, 도자기, 목조 가구, 유리제품, 지갑 등의 잡화를 판매한다. 모든 물건이 학생들의 창작품이어서, 독창적이고 멋진 작품을 찾는 것은 어렵지 않다.

이치자와한푸
―澤帆布 Ichizawahanpu

- P23B2, P26B1
- 교토(京都)역에서 시영버스 206번 승차, 치온인마에(知恩院前)에서 하차
- 교토시 히가시야마구 히가시오지후루몬젠 아가루 니시가와(京都市東山区東大路古門前(知恩院前)上ル西側)
- (075)541-0138 휴 일요일
- 9시~17시30분(토요일, 국경일 ~17시)
- www.ichizawa-hanpu.co.jp

백여 년 역사의 이치자와한푸는 전문가가 손으로 직접 만든 견고한 가방으로 유명하며, 오직 이곳에서 만든 가방에만 「치온인마에 이치자와한푸(知恩院前一澤帆布)」라는 라벨이 붙어 있다.

요-지야
ようじや Yo-jiya

- P26A2
- 교토(京都)역에서 시영버스 206, 100번 승차, 기온(祇園)에서 하차
- 교토시 히가시야마구 기온시죠 하나미코지토호쿠카도(京都市東山区祇園四条花見小路東北角)
- (075)541-0177
- 10시~20시
- 연중무휴
- 기름종이(아부라도리 가미:油取り紙) ¥340부터

마이센도
舞扇堂 Maisendo

- P24B4, P27A2
- 교토(京都)역에서 시영버스 206, 100번 승차, 키요미즈미치(清水道)에서 하차
- 교토시 히가시야마구 코다이지미나미몬 시모카와라히가시마스야(京都市東山区高台寺

카제노야카타
風の館 Kazenoyakata

- P27
- 교토(京都)역에서 시영버스 5, 100번 승차, 킨린샤코마에(錦林車庫前)에서 하차 후 도보5분
- 교토시 사쿄구 시카가타니호넨인쵸(京都市左京区鹿ヶ谷法然院町43)
- (075)751-7171
- 9시~18시

누에고치 모양의 가볍고 부드러운 비단공은 바람이 불면 천천히 움직인다. 공 안에 인형을 넣거나, 여러 모형을 넣은 모빌이 여성들에게 많은 인기가 있다.

라쿠토

쇼핑

- www.yojiya.co.jp

「요-지야(よーじや)」의 기름종이는 아름다움을 위한 필수품이다. 금박성분의 기름종이가 가장 흡수력이 강하고, 그 외 순식물성 비누, 색조화장품, 화장수 등도 앞 다투어 구매하는 인기상품이다.

- 南門下河原東舛屋349-1)
- (075)532-2001
- 10시~16시
- 각종 부채 ¥1,575부터, 부채에 그림 그리기 체험 ¥2,100(우송료별도)
- www.maisendo.co.jp

마이센도는 부채 전문점이다. 교토 부채는 헤이안(平安) 시대, 귀족의 상징이자 여름에 더위를 쫓는 실용품이었으며 의식, 공연, 무도, 다도용 등으로 사용되는 전통 공예품이기도 하다. 부채의 면에 금은박을 입히고, 그림을 그리고, 수를 놓는다. 또 단향목과 노송나무로 부챗살을 만든다. 하나하나가 비할 것이 없이 아름다워 교토 여성들의 필수품이 되었다.

센쇼키타무라
染匠きたむら Senshokitamura

- P24A3
- 교토(京都)역에서 시영버스 100, 202, 206, 207번 승차, 히가시야마 야스이(東山安井)에서 하차 후 도보5분
- 교토시 히가시야마구 시모카와라도리 코다이지 오모테몬젠미나미쵸(京都市東山区下河原

세이류엔
青龍苑 Seiryuen

- P27B3
- 교토(京都)역에서 시영버스 206, 100번 승차, 키요미즈미치(清水道)에서 하차
- 교토시 히가시야마구 키요미즈(京都市東山区清水3-334)
- (075)525-2080
- 개방시간: 9시~18시(키요미즈데라 야간 점등 행사 기간~21시)
- 각 지점 재량 휴업
- www.seiryu-en.com/index.html

일본 정원처럼 꾸며진 구역 내에

토안야사카노미치점
陶あん八坂の道店

- P24A4
- 교토(京都)역에서 시영버스 80, 100, 202, 206, 207, 18번 승차, 키요미즈미치(清水道)에서 하차 후 도보5분
- 교토시 히가시야마구 야사카

코신도
庚申堂 Koshindo

- P27A2
- 교토(京都)역에서 시영버스 206, 100번 승차, 키요미즈미치(清水道)에서 하차
- 교토시 히가시야마구 킨엔쵸(京都市東山区金園町390)
- (075)541-2565

야사카노토(八坂の搭)에서 멀지 않은 코신도 앞에는 오색찬란한 쿠쿠리사루(くくり猿)라는 장식이 걸려 있다. 촘촘하게 걸려있는 쿠쿠리사루 앞은 일본적인 느낌이 살아있어 기념사진을 찍기에 아주 좋다.

通り高台寺表門前南町418)
- ☎ (075)531-3981
- 📠 (075)531-3981
- 🕙 10시30분~18시
- 休 연중무휴
- 💲 기모노(일본 전통 의상) 1일 대여 (기모노렌탈) ¥5,250
- 🔗 http://web.kyoto-inet.or.jp/people/sensho-k

코다이지로 가는 작은 골목에 있는 센쇼키타무라는 기모노대여점이다. 계절에 따라 50여 벌의 다양한 기모노를 고를 수 있다. 기모노를 입기 위한 속옷, 버선, 부채, 가방 등을 모두 제공하며, 머리 장식도 해준다.

기모노 외에도 남녀공용 여름 유카타도 있어, 착용 후 야외활동도 가능하다. 단, 오후 5시까지는 돌아와야 한다.

라쿠토

쇼핑

찻집, 폭포, 연못이 있고, 토산품 점과 커피전문점들도 있다. 기름종이로 유명한 요-지야(ようじや), 고급향을 판매하는 마츠에이도(松榮堂), 절임 음식[센마이즈케(千枚漬け)]으로 유명한 쿄츠케모노니시리(京つけもの西利) 등이 있다.

도리 시모카와라히가시이루 야사카카미마치(京都市東山区八坂通り下河原東入ル八坂上町385-7)
- ☎ (075)525-8580
- 🕙 개방시간: 10시~17시
- 休 부정기 휴업
- 💲 케이크와 음료 ¥1,050

야사카노토(八坂の搭)에 위치한 도자기 전문점으로 이곳에서 판매하는 도자기는 모두 토후쿠지(東福寺) 쪽의 공방에서 제작된 것이다. 2층의 찻집에서는 직접 만든 케이크와 차를 제공한다. 아름다운 꽃 그림이 그려진 잔들은 고전적인 아름다움으로 여성들의 사랑을 받고 있다.

모리도기관

森陶器館 Moritoukikan

- 📍 P24B5
- 🚌 쿄토(京都)역에서 시영버스 80, 100, 202, 206번, 207번, 18번 승차, 키요미즈미치(清水道)에서 하차 후 도보8분
- 🏠 쿄토시 히가시야마구 키요미즈(京都市東山区清水2-254)
- ☎ (075)561-3457
- 🕙 9시~17시
- 休 연중무휴
- 💲 도자기 빚기 체험 ¥2,600부터, 도자기 그리기 체험 ¥1,100부터

모리도기관(森陶器館)은 키요미

즈야키(清水焼)를 판매하는 것 외에도 도자기를 빚고, 그릴 수 있는 체험도 할 수 있는데, 차 주전자, 찻잔 또는 화병 등을 골라서 만들어 볼 수 있다.

식당

오쿠탄 키요미즈점
奥丹清水店

- P24B4
- 교토(京都)역에서 시영버스 100, 202, 206, 207번 승차, 키요미즈미치(清水道)에서 하차 후 도보8분. 산넨자카(三年坂)에 위치
- 교토시 히가시야마구 키요미즈(京都市東山区清水3-340)
- (075)525-2051
- 10시30분~17시
- 목요일
- 유도후(湯豆腐) 요리 ￥3,150, 무카시도후(昔豆腐) ￥4,200, 카드 사용 불가

키요미즈데라 방면 산넨자카에 위치한 유도후 요리 전문점 오쿠탄은 350여 년의 역사를 가진 유명한 곳이다. 좋은 물을 사용해 부드럽고 맛이 뛰어나다. 유도후 세트 외에도 따끈따끈한 두부, 구운두부, 야채튀김, 산약 밥 등이 있다. 매일 한정제조되는 무카시도후는 유기농 재배하는 대두(大豆)와 천연간수를 사용하여 예로부터 전해 내려온 비법에 따라 만든다.

오쿠탄은 아름다운 실내정원이 있어, 봄에는 벚꽃이 만개하고, 여름에는 푸르름이 가득하며, 가을에는 단풍이 물들고, 겨울에는 흰 눈이 소복이 쌓인다. 유도후를 즐기는 것 외에도 사계절의 아름다움을 느낄 수 있는 곳이다.

교토 탐구 – 유도후 湯豆腐

두부를 만들 때 가장 중요한 것은 물이다. 두부의 90%가 수분이기 때문이다.

교토는 깨끗하고 시원한 지하수가 있어 두부를 만들기에 아주 유리한 환경이다.

교토 사람들은 우아하고 고상한 정취에 조예가 깊어, 두부를 시각적인 것뿐만 아니라, 미각적으로 더욱 발전시켜 담백한 자연 두부의 향을 더욱 깊게 하였고, 교토 사람들이 가장 사랑하는 요리로 만들었다. 끓이기, 얇게 썰어 담그기, 찌기, 굽기, 튀기기 등 여러 가지 조리방법이 있어 다양하게 선택할 수 있다. 교토 사람들은 유도후를 가장 좋아한다.

가장 오래된 유도후의 조리법은 오사카에서 발명된 것으로(1658년경), 타카즈도후(高津豆腐)라고 부르다가, 후에 교토에 전해져 많은 사랑을 받으면서 점점 교토의 명물이 되었다.

라쿠토

식당

이쿠마츠

幾松

✈ P23A1

🧭 1.지하철 토자이센(東西線) 교토시야쿠쇼(京都市役所)역 2번 출구에서 도보2분 2.케이한혼센(京阪本線) 케이한 산죠(京阪三条)역에서 도보7분

🏠 교토시 나카교구 키야마치도리 오이케아가루 카미코리키쵸(京都市中京区木屋町通り御池上ル上樵木町467)

☎ (075)231-1234

📠 (075)255-6291

🕐 11시30분~14시30분(마지막 식사 13시), 17시30분~22시 (마지막 식사 19시30분)

🚫 부정기 휴업

💲 오전 예약 약 ¥7,000부터(예약 필수), 저녁 예약 약 ¥17,000~(예약필수)

숙소는 JR역 내의 여행사 창구에서 예약하는 것이 비교적 편리하다. 일반적으로 전화 예약 시 약 ¥21,000~¥60,000 정도(1박과 아침, 저녁 식사 포함 카드 사용 불가

🔗 www.ikumatsu.com

카모가와(鴨川)강변에 위치한 이쿠마츠는 일본 근대사의 한 자리를 차지하는 곳이다. 메이지유신(明治維新) 시기, 정치가 키도 다카요시(木戸孝允)가 게이샤였던 그의 부인 이쿠미츠와 함께 생활했던 곳으로, 옛 모습이 그대로 보존되어 있어, 일본 유형문화재로 등록돼 있는 역사적 가치가 있는 건물이다.

지금의 이쿠마츠는 전통 요리를 제공하는 요정으로, 동시에 숙박도 할 수 있는 일본의 전통료칸(旅館)이다.

기온 오이신보 폿포테이

祇園おいしんぼぽっぽ亭

- P23B3
- 시영버스 12, 46, 100, 201, 202, 203, 206, 207번 승차, 기온(祇園)에서 하차 후 하나미코지에서 북쪽방향으로 도보. 왼쪽 작은 골목에 위치
- 교토시 히가시야마구 기온나카스에요시쵸도리 하나미코지 히가시이루 라쿠엔코지 내(京都市東山区祇園中末吉町通り花見小路東入ル楽宴小路内)
- (075)525-1251
- 18시~새벽 3시(마지막 식사 주문 새벽 2시까지)
- 연중무휴
- 단품 요리 약 ¥500~¥750, 평균 예상 금액 일인당 약 ¥3,500부터, 카드 사용 가능

이곳은 하나미코지에서 시라카와(白川) 방향에 있는 라쿠엔코지(楽宴小路) 모퉁이에 있어서 찾기가 쉽지 않다.

라쿠엔코지의 중앙에는 에도(江戸) 스타일의 정원, 정자, 연못, 단풍나무 등이 있고, 또 에도(江戸) 시대 때 히노 미야구라(火の見櫓)라는 재미있는 모양의 소방탑이 있다.

이곳에는 일본식 찐 계란 다시야키(出し焼き), 생선고기 덮밥, 해물육회덥밥(海鮮ユッケ丼), 생두부와 회로 만든 나마유바 사시미(生湯葉刺身) 등이 있다. 이 음식점은 주방이 개방식으로 설계되어 숙련된 요리사의 솜씨도 감상할 수 있다.

토스이로 키야마치 본점

豆水楼木屋町本店

- P23A1
- 1.지하철 토자이센(東西線) 교토시야쿠쇼(京都市役所)역 1번 출구에서 도보3분 2.케이한혼센(京阪本線) 케이한산죠(京阪三条)역에서 도보5분
- 교토시 나카교구 키야마치도리 산죠아가루 카미오사카쵸(京都市中京区木屋町通り三条上ル上大阪町517-3)
- (075)251-1600
- 11시30분~13시, 17시~21시30분, 일요일과 국경일 12시~20시30분
- 월요일
- 점심 예상 비용 약 ¥3,500부터(마치야젠(町家膳) ¥2,100), 저녁 예상 비용 약 ¥5,000부터[카와도코(川床)는 식대에 10~15%의 서비스요금 추가 카드 사용가능]
- www.tousuiro.com

카모가와(鴨川) 강가의 키야마치도리(木屋町通り)는 가장 번화한 거리이다. 좁고 긴 골목 양쪽에 식당과 술집들이 있어 관광객들이 많이 찾는다. 키야마치도리 안쪽에 위치한 토스이로(豆水楼)는 두부요리로 유명하다. 예부터 전해 내려오는 기술로 만든 맛있는 두부를 이용하여 새로운 요리를 만들어내

라쿠토

식당

교토 탐구 – 카와도코 川床

카와도코라는 것은 잔잔한 개울가 바닥에 대나무로 시렁을 만들어서 사람들이 이곳에 앉아 물소리를 들으며 음식을 먹을 수 있게 만든 것이다. 교토의 키외도코 요리는 키부네(貴船), 기온(祇園) 부근외 카모가와 두 곳이 가장 유명하고, 카모가 부근의 카와도코는 노료유카(納涼床) 라고도 부른다.

초여름의 카와도코 요리의 주인공은 아유(鮎:메기)와 뼈를 가늘게 썬 후 하얗게 장식한 하모(鱧:농어) 요리로 교토의 여름을 대표하는 음식이다.

어 여성들이 특히 좋아한다. 특히 점심시간 한정 메뉴인 유도후 세트 마치야젠(町家膳)은 놓치면 안 될 음식이다.

토스이로는 타이쇼(大正) 시대의 마치야(町家:[옛 상가, 상점]이라는 의미) 건축물로서, 90여 년의 역사를 가졌으며, 카모가와 강과 히가시야마를 마주보고 있어 풍경이 아주 좋다. 특히 여름에는 카모가와 부근의 시원한 카와도코(川床)가 인기가 많아 적어도 일주일 전에는 예약해야 한다. 음식을 먹으면서 풍경도 감상할 수 있어 독특한 멋을 즐길 수 있다.

이시베이코지 마메챠

石塀小路豆ちゃ

P24A3

시영버스 202, 207, 206, 100번 승차, 히가시야마 야스이(東山安井)에서 하차 후 코다이지 방향으로 도보. 시모카와라마치도리(下河原町通り)의 이시베이코지(石塀小路)라고 쓰여 있는 가스등이 있는 작은 골목 안의 좌측에 위치

교토시 히가시야마구 야사카신사 미나미몬시타 이시베이코지(京都市東山区八坂神社南門下石塀小路)

(075)532-2788(전화예약 14시부터)

17시~24시

마메챠 추천코스(豆ちゃのおまかせこーす) ¥3,500, 니기리즈시(にぎり寿司) ¥1,200, 마메챠 샐러드(豆ちゃのさらだ) ¥800, 유도후카와(湯豆腐皮) ¥1,000, 카드 사용 가능

코다이지(高台寺)와 야사카신사(八坂神社) 사이의 꼬불꼬불한 길 이시베이코지에 숨어있는 마메챠(豆ちゃ)는 마치야(町家:[옛 상가, 상점]이라는 의미)를 개조하여 만든 음식점이다. 이층 다다미 위에 낮은 원탁을 놓고, 부드러운 조명이 벽을 비추면 따뜻한 분위기를 자아내어 아주 낭만적이다.

텐텐

てんてん

P23B3

한큐쿄토센(阪急京都線) 시조(四条)역에서 시영버스 12, 46, 100, 201, 202, 203, 206, 207번 승차, 기온(祇園)에서 하차 후 시라카와(白川) 방향으로 도보5분. 시라카와 타츠미바시(白川巽橋) 옆

교토시 히가시야마구 야사카신치 키요모토쵸(京都市東山区八坂新地清本町372)

(075)525-2990

12시30분~새벽1시(월, 화, 수, 일요일), 12시30분~새벽2시(목, 금, 토요일)

부정기 휴업

오코노미야키 텐텐 스페셜(お好み焼きてんてんスペシャル) ¥1,590, 야키소바(焼きそば) ¥980부터, 각종 철판요리 ¥690부터, 카드 사용 불가

쿄노오우치고항 와라베우타

京のおうちごはんわらべうた

P23A2

지하철 토자이센(東西線) 산조케이한(三条京阪)역에서 하차. 케이한혼센(京阪本線) 케이한산죠(京阪三条)역에서 신후야쵸(新麩屋町) 방향으로 도보3분

교토시 사쿄구 마고하시도리 신후야쵸니시이루 오키쿠쵸

80여 종의 계절요리와 반찬을 제공하며 간단한 조리법으로 사람들의 입맛을 사로잡은 고급 일식점이다. 그렇지만 가격은 저렴한 편이라서 젊은 연인들이 많이 찾는다.

교토 탐구 - 마치야(町家)

마치야(町家)는 메이지(明治), 타이쇼(大正), 쇼와(昭和) 시대를 지나온 오래된 상점이거나 일반 백성들이 살았던 건물이다. 나무로 만든 격자문, 잘게 자른 대나무를 구부려 만든 칸막이, 현관에 있는 쇼키조(鐘馗像:중국에서 역귀를 쫓아낸다는 신)와 메이지 초기에 서양에서 들어온 간판을 비추는 가스등은 모두 마치야의 독특한 매력을 보여준다.

식당

전통 마치야 건축물을 보존하기 위해, 교토 시민들은 마치야 보존회를 만들어 건축물을 분위기 좋은 식당, 술집 혹은 찻집으로 개조하였다. 교토 특색의 술과 음식을 제공하는 곳도 있고, 숙식도 제공되는 곳이 있어 외국인들도 직접 마치야를 체험하며 일본 전통의 멋을 느낄 수 있다.

시라카와(白川)는 벚꽃이 만개할 때가 가장 아름답다. 강변에 늘어선 음식점의 대나무문 앞에 분홍색 벚꽃 잎이 떨어지는 풍경은 사진작가들이 가장 좋아하는 봄 풍경이다.

시라카와의 타츠미바시 옆에 있는 텐텐은 교토풍의 철판볶음과 오코노미야키 요리를 제공한다. 다다미(畳み:마루방에 까는 일본식 돗자리)에 앉아 있으면 금방 만든 철판요리를 가져다 화로 위에 올려준다.

텐텐은 위치가 좋은 데다가, 입구에 가격이 적혀진 메뉴판을 걸어놓아서 외국 관광객도 부담 없이 들어올 수 있어 항상 문전성시를 이룬다.

(京都市左京区孫橋通り新麸屋町西入ル大菊町155)
- ☎ (075)771-9589
- ⌚ 17시30분~23시(22시30분까지 주문 가능)
- ㊡ 월요일, 국경일
- 💲 예상 비용 약 ¥3,000부터. 카드 사용 불가

교토풍의 카이세키(懷石) 요리와 일반 가정집의 요리를 동시에 맛보고 싶다면 쿄노오우치고향 와라베우타는 후회없는 선택이 될 것이다.

요리사를 겸하고 있는 주인이 20여 년의 일본 요리 경력을 가지고 있기 때문에 정통 카이세키 요리와 일반 가정 요리도 맛볼 수 있어 누구나 만족스러워 하는 곳이다.

가정집 같이 자연스러운 인테리어가 이곳의 특징이다. 특히 작고 아름다운 뜰에 놓여있는 돌로 만든 어항 안에는 금붕어가 헤엄치고 있고, 처마 밑에서 흔들리며 맑은 소리를 내는 풍경이 일본의 멋과 정취를 느끼게 해준다.

사쿠라바 카페

さくらば Cafe

- P24B4
- 시영버스 100, 202, 206, 207번 승차, 시미즈미치(清水道)에서 하차 후 도보8분. 산넨자카(三年坂)에 위치
- 교토시 히가시야마구 키요미즈산쵸메 산넨자카니시가와(京都市東山区清水3丁目三年坂西側)
- (075)533-2006
- 개방 시간 : 12시~17시 (16시 30분까지 주문 가능), 토요일 11시~19시 (18시30분까지 주문 가능)
- 수요일
- 고마시라타마 푸딩(胡麻白玉プリン) ¥735, 사쿠라바 오리지널 파르페(さくらばオリジナルパ

기온 코모리

祇園小森

- P23B3
- 1.한큐교토센(阪急京都線) 시죠(四条)역에서 하차 2.시영버스 12, 46, 100, 201, 202, 202, 203, 206, 207번 승차, 기온(祇園)에서 하차 후 시라카와(白川) 방향으로 도보5분. 시라카와 타츠미바시(白川巽橋) 옆
- 교토시 히가시야마구 심바시모토요시쵸(京都市東山区新橋元吉町61)
- (075)561-0504
- 11시~21시 (20시30분까지 주문 가능), 일요일, 공휴일 11시~20시(19시30분까지 주문 가능)
- 수요일
- 아즈키 바바로아 파르페(あずきババロアパフェ) ¥1,260, 시라타마 크림 안미츠(白玉クリームあんみつ) ¥1,050, 카드 사용 불가

시라카와 강변에 위치한 기온 코모리는 게이샤가 공연하던 찻집으로 교토의 옛 유흥가 분위기를 뽐어내고 있다. 대나무로 만든 발이 드리워진 다다미에 앉아 있으면, 졸졸 흐르는 물소리와 버드나무가 바람에 흔들리는 소리가 들려온다. 여기에 스위트 디저트를 먹으며 우

교토기온 쿄 키나나

京都祇園京きなな

- P23B3
- 1.한큐교토센(阪急京都線)시죠(四条)역에서 하차 2.시영버스 12, 46, 100, 201, 202, 203, 206, 207번 승차, 기온(祇園)에서 하차 후 하나미코지(花見小路) 방향으로 도보5분. 하나미코지 옆 작은 골목 안에 위치
- 교토시 히가시야마구 기온마치미나미가와(京都市東山区

フェ) ¥840, 사쿠라바 안미츠
(さくらばあんみつ) ¥788, 카드
사용 불가

　키요미즈데라 주변의 돌계단 언덕길로 유명한 산넨자카는 교토의 중요한 건축 보존 구역 중의 하나

이다. 사쿠라바 카페는 바로 산넨자카의 비탈길에 있는 오래된 마치야를 개조한 곳이다.
　일층에는 부채, 기름종이, 잡화 등을 파는 마이센도(舞扇堂)가 있고, 이층 찻집 벽에는 분홍색 고마시라타마 푸딩, 사쿠라바 오리지널 파르페, 시라타마 크림 안미츠 등이 그려져 있어 입맛을 자극한다. 외국 관광객들과 젊은 여성들에게 사랑받는 이곳은 관광객이 많은 봄과 가을에는 입구에 길게 줄지어 서서 기다릴 정도다.

라쿠토

식당

아한 정취를 즐길 수 있다.
　이곳에서는 교토의 전통 스위트 디저트를 판매한다. 최상급의 엄선된 재료를 사용하여 만들기 때문에 이곳을 찾는 손님들은 모두 교토 디저트의 매력에 빠지게 된다.

祇園町南側570-119)
- (075)525-8300
- 11시~19시
- 부정기 휴업
- 키나나 하퐁(きななハポン) ¥1,000, 베리-베리-키나나(ベリーベリーきなな) ¥1,000, 카드 사용 불가
- www.kyo-kinana.com

　교토기온 쿄 키나나는 스위트 디저트를 좋아하는 교토 여성들의 입소문으로 유명해진 곳이다. 하나미 코지 옆의 작은 골목 안에 있으며, 간판이라고 해봤자 입구에 드리워진 작고 하얀 포렴이 전부여서 찾기가 쉽지 않지만, 한번 와보면 절대 후회하지 않을 곳이다. 입구에서부터 달콤한 향이 풍겨 나온다. 여러 가지 맛의 일본풍 아이스크림 파르페와 검은깨 아이스크림, 맛차(抹茶·일본 녹차) 아이스크림, 블루베리, 복분자, 딸기 키나나 파르페, 그리고 밤, 단팥, 구약나물 등이 들어간 키나나 파르페 등이 이곳에서 가장 인기 있는 메뉴로 차와 같이 먹으면 더욱 좋다. 테이크아웃용 아이스크림 컵(1개당 ¥350)도 제공한다.

니켄챠야 나카무라로
二軒茶屋中村楼

- P24A1
- 시영버스 12, 46, 100, 201, 202, 203, 206, 207번 승차, 기온(祇園)에서 하차. 야사카신사(八坂神社) 내에 위치
- 교토시 히가시야마구 기온 야사카신사 미나미몬 내(京都市東山区祇園八坂神社南門内)
- (075)561-0016
- 개방시간 11시~19시
- 예약 필수, 점심 도시락세트 ￥3,600부터, 오후 카이세키 요리(懐石料理) ￥10,000~￥20,000, 저녁 카이세키요리 ￥13,000~￥25,000

나카무라로는 정통 카이세키 요리 전문점이다. 가격은 최소 ￥10,000부터 시작되며 주방장과 재료 모두 일등급이다. 식당은 옛 모습 그대로 유지하고 있어 이곳에서 카이세키 요리를 즐기는 비용이 아깝지 않을 것이다.

카사이
花彩

- P23B3
- 교토(京都)역에서 시영버스 206, 100번 승차, 기온(祇園)에서 하차
- 교토시 히가시야마구 기온 하나미코지 시죠산스지메니시카도(京都市東山区祇園花見小路四条三筋目西角)
- (075)532-0088
- 11시~19시
- 수요일
- 맛차 파르페(抹茶パフェー) ￥1,050, 맛차 카푸치노(抹茶カプチーノ) ￥525

하나미코지에 위치한 카사이의 주인은 게이샤 출신이다. 그녀는 은퇴 후 오래된 찻집을 개조하여 스위트 디저트 전문점을 열었다. 이곳에서는 잡화도 함께 판매하고 있다.

치소 코게츠
馳走高月

- P24A3
- 시영버스 100, 202, 206, 207번 승차, 히가시야마 야스이(東山安井)에서 하차 후 도보3분
- 교토시 히가시야마구 코다이지몬젠 시모카와라쵸(京都市東山区下河原高台寺門前下河原町468)
- (075)531-5489
- 11시30분~15시, 17시~22시
- 월요일
- 점심 카이세키요리(懷石料理) ¥5,250 ~ ¥21,000, 저녁 카이세키요리(懷石料理) ¥10,500 ~ ¥21,000
- www.kyoto-kougetsu.co.jp/

라쿠토

식당

치소 코게츠는 순수한 교토 카이세키 요리의 명가로서 서양의 어떠한 재료나 조미료도 사용하지 않는다. 교토만의 특색이 느껴지는 농어와 야채요리는 입맛을 돋우어 준다.

사료츠지리
茶寮都路里

- P23B3
- 교토(京都)역에서 시영버스 206, 100번 승차, 기온(祇園)에서 하차
- 교토시 히가시야마구 기온 미나미(京都市東山区祇園南573-3)
- (075)561-2257
- 10시~22시(21시까지 주문 가능, 토요일, 일요일 국경일은 20시30분)
- 연중무휴
- 특선 츠지리 파르페(特選都路里파르페) ¥1,155
- http://www.giontsujiri.co.jp/saryo/

사료츠지리는 교토에서 가장 인기 있는 스위트 디저트 전문점으로 늘 손님들이 길게 줄을 서있다. 상급 우지맛차(宇治抹茶)로 만든 각종 파르페가 인기리에 판매되고 있으며, 파르페 안에는 맛차 아이스크림 외에도 단밤, 맛차 꿀 케이크, 맛차 젤리 등이 들어 있다.

마이코 하나노세키 마루우메
舞妓花の席丸梅

- P23B4
- 시영버스 12, 46, 100, 201, 202, 203, 207번 승차, 기온(祇園)에서 하차. 하나미코지와 평행인 작은 골목에 위치
- 교토시 히가시야마구 기온마

기온 코이시
祇園小石

- P23B3
- 교토(京都)역에서 시영버스 206, 100번 승차, 기온(祇園)에서 하차
- 교토시 히가시야마구 기온 이시단시타(京都市東山区祇園石段下286-2)
- (075)531-0031
- 10시30분~19시

분노스케 챠야
文の助茶屋

- P24A4
- 교토(京都)역에서 시영버스 206, 100번 승차, 키요미즈미치(清水道)에서 하차
- 교토시 히가시야마구 시모카와라도리 히가시이루 야사카카미마치(京都市東山区下河原通り東入ル八坂上町373)
- (075)561-1972
- 10시~17시30분
- 수요일
- ¥420부터
- www.bunnosuke.jp

분노스케 챠야는 야사카노토(八

잇센 요쇼쿠
壹錢洋食

- P23A3
- 교토(京都)역에서 시영버스 206, 100번 승차, 기온(祇園)에서 하차
- 교토시 히가시야마구 기온시죠나와테아가루(京都市東山区祇園四条縄手上ル)
- (075)533-0001
- 11시~ 새벽 3시(일요일, 국경일 10시30분~22시)
- 연중무휴
- 시친야키(什錦焼き) ¥630

잇센 요쇼쿠의 문 앞에는 개가 소년의 바지를 물고 있는 모습의 재미있는 인형이 있다. 너무 맛있어서 강아지도 먹는 사람을 좇아가 물어버린다는 의미이다. 시친야키에는 양파, 마늘, 구약나물, 새우와 계란 두 개, 진한 맛의 된장 등이 들어가는데, 정말 맛있다.

치 미나미가와(京都市東山区祇園町南側)
- (075)451-1881
- 매주 토요일, 일요일과 국경일, 제1회 14시~14시45분, 제 2회 15시~15시45분
- 일인당 입장료 ¥4,800, 다과 포함
- http://www5e.biglobe.ne.jp/~photon/

❗ 한 회에 13명이 정원이고, 사람이 적을 때는 당일 공연 전에 입장권을 구입하면 입장이 가능, 전화로 사전예약 가능 (일본어)

저렴한 가격에 마이코의 공연을 관람할 수 있다. 약 45분 동안 마이코와 가벼운 대화도 나눌 수 있고, 함께 사진도 찍을 수 있다.

라쿠토

식당

- 쿠로토 쉬폰 파르페(黒糖シフォンパフェー) ¥840, 맛차 쉬폰 파르페(抹茶シフォンパフェー) ¥840, 와라비모치(わらび餅) ¥577
- http://www.g-koisi.com

이곳에서 가장 인기 있는 것은 바로 흑설탕 조청을 뿌린 쿠로토 쉬폰 파르페와 맛차 쉬폰 파르페다. 쉬폰 케이크 조각과 아이스크림, 단밤, 젤리와 단팥이 들어 있어 사람들의 입맛을 유혹한다. 또한 콩가루를 묻힌 와라비모치도 맛있다.

坂の塔) 뒤쪽 골목에 위치하고 있다. 부드럽고 달콤한 시로타마 안미츠, 차고 투명한 토코로텐, 가볍게 먹을 수 있는 맛차와 와라비모치, 차향 가득한 우지킨도키 팥빙수 등 모두 입맛을 사로잡는다.

다다미 좌석 측면 벽에 각양각색의 종이를 붙이고, 오뚝이, 여우가면, 홍등롱, 마네키네코 등을 장식

하여 이곳만의 독특한 분위기를 만들어냈다.

카기젠 요시후사 코다이지점
鍵善良房高台寺店

- P24A3
- 교도(京都)역에서 시영버스 206, 100번 승차, 키요미즈미치(清水道)에서 하차
- 교토시 히가시야마구 시모카와라도리 코다이지 오모테몬젠아가루(京都市東山区下河原通り高台寺表門前上ル)
- (075)525-0011
- 9시30분~17시45분 (토요일, 일요일, 국경일 ~18시45분)
- 수요일
- 쿠즈키리(くずきり) ¥900, 미즈요깡(水羊羹) 1개당 ¥340: 여름철 한정

백년의 역사를 가진 이곳은 한천같이 투명한 쿠즈키리로 유명한 곳이다. 쿠즈키리는 먹기 전에 만들어야 신선한 투명감이 잘 살아난다. 먹을 때 흑설탕 조청을 넣어주면 아주 맛있다.

긴카쿠지 키미야
銀閣寺喜み家

- P27
- 교토(京都)역에서 시영버스 5, 100번 승차, 긴카쿠지미치(銀閣寺道)에서 하차
- 교토시 사쿄구 죠도지 카미나미다쵸(京都市左京区浄土寺上南田町37-1)
- (075)761-4127
- 10시30분~17시30분
- 부정기 휴업
- 안마메칸(あん豆かん) ¥550, 크림안미츠(クリームあんみつ) ¥700

 이곳의 추천 메뉴인 안마메칸(あん豆かん)은 알알이 둥근 완두를 볶은 것을 사용한다. 약간 짭짤한 완두에 맛차 아이스크림, 백옥 새알, 밤, 한천, 팥소를 넣고, 거기에 흑설탕 조청을 뿌려주면 달콤한 맛이 더없이 환상적이다.

야츠하시 오타베
八ツ橋 おたべ

- P24B5
- 교토(京都)역에서 시영버스 206, 100번 승차, 키요미즈미치(清水道)에서 하차
- 교토시 히가시야마구 키요미즈자카(京都市東山区清水坂)
- (075)551-2077
- 9시~17시

 삼각형 모양의 얇은 피 안에 팥, 벚꽃, 밤, 토란, 맛차, 초콜릿 등 여러 가지 맛의 달콤한 소가 들어있어 생각만 해도 군침이 돈다. 따뜻한 차도 무료로 제공하고, 시식도 할 수 있기 때문에 이곳은 교토인들의 많은 사랑을 받고 있다.

난젠지 쵸소인
南禅寺聴松院

- P9C2
- 시영버스 5, 57번 승차, 난젠지 에이칸도미치(南禅寺永観堂道)에서 하차 후 도보15분
- 교토시 사쿄구 난젠지후쿠치쵸(京都市左京区南禅寺福地町 86-15)
- (075)761-2186
- 11시~15시
- 매주 수요일, 사원에 행사가 있을 시
- 유도후 세트 소(松) ¥3,150, 쵸(聴) ¥4,725

라쿠토

식당

쵸소인은 난젠지 옆에 있는 유도후(湯豆腐) 요리 전문점이다. 내부에는 연못을 따라 우아하게 거닐 수 있는 정원이 있고, 연못 주위에는 수려하고 그윽한 별실이 만들어져 있어 분위기가 매우 조용하고 아늑하다.

난젠지 쥰세이쇼인
南禅寺順正書院

- P9C2
- 시영버스 5, 57번 승차, 난젠지 에이칸도미치(南禅寺永観堂道)에서 하차 후 도보15분
- 교토시 사쿄구 난젠지 쿠사가와쵸(京都市左京区南禅寺草川町60)
- (075)761-2311

- 11시~20시
- 부정기 휴업
- 유도후 정식 ¥2,100부터, 유도후 카이세키(湯豆腐会席)요리 ¥6,000부터
- www.to-fu.co.jp/

난젠지 문 밖에 있는 우아한 분위기의 쥰세이쇼인(順正書院)은 유바(湯葉:두부껍질)와 유도후(湯豆腐:끓인 두부)로 유명하다. 먹어가며 만드는 히키아게유바(引き上げ湯葉)도 제공하는데 신선한 유바를 연한 간장과 도라지 즙에 찍어 먹으면 매우 맛있다.

카노 쇼쥬안 교토 챠시츠도
叶匠壽庵京都茶室棟

- P9C2
- 시영버스 5, 32, 57, 93, 100, 203, 204번 승차, 히가시 텐노쵸(東天王町)에서 하차 후 도보10분
- 교토시 사쿄구 냐쿠오지(京都市左京区若王寺2-1)
- (075)751-1077
- 10시~17시
- 수요일
- 맛차와 과일접대비(점심 전)

¥1,050
- http://www.kanou.com/

테츠가쿠노 미치(哲学の道) 옆에 위치한 이곳은 스키야(数奇屋·일본의 전형적인 전통 다실) 구조의 조용한 찻집이다.

H 숙박

쿠라소로
蔵候

- P23B1
- 지하철 토자이센(東西線) 히가시야마(東山)역에서 도보10분
- 교토시 사쿄구 신아이노마치도리 니오몬아가루 카시라쵸(京都市佐京区新間ノ町通り仁王門上ル頭町366)
- (075)771-2919
- 마치야(町家) 한 채 일일대여료 ¥15,750(한 채에 3명 숙박가능, 3인 초과 시 한 명당 ¥4,200의 추가 비용 지불, 아침식사 제공 없음.
- www.shindosyokuryo.com/machiya/index.htm (인터넷으로 예약 가능)

헤이안 신궁(平安神宮) 근처에 있는 쿠라소로(蔵候)는, 에도시대부터 쌀가게를 운영하던 오래된 상점(신도 쇼쿠료 시니세[新洞食糧老舗])이었다. 현재는 본업 외에 메이지(明治) 시대에서 타이쇼(大正) 시대의 건축물인 마치야 몇 채를 관광객들에게 대여하고 있다. 2층짜리 거실, 침실, 베란다, 주방과 욕실 외에 오래된 난로와 일본식 욕실도 포함하여 숙소로 제공한다. 내부의 가구들이 옛 정취를 느끼게 해주고, 또 부엌과 쌀도 제공해주어 오랫동안 머물 수 있다.

평상시에도 교토 문화에 관심이 많은 학자들이 자주 찾는 곳이고, 여주인은 미국에서 살았던 경험이 있어, 영어가 통한다는 장점이 있다.

기온 신몬소
祇園 新門荘

- P23B2
- 교토(京都)역에서 시영버스 206번 승차, 치온인마에(知恩院前)에서 하차 후 도보5분
- 교토시 히가시야마구 기온하나미코지 신몬젠(京都市東山区祇園花見小路新門前)
- 식사 두 번을 포함한 하루 숙박(저녁은 마이코와 함께 불고기 만찬), 2인 1실일 경우 1인당 ¥9,975~¥11,025, 매년 자세한 정보는 홈페이지 참고
- www.shinmonso.com (075)561-8011 (075)561-8178

여름에는 7월초에서 8월말까지 마이코의 공연이 포함된 숙박 상품을 준비한다. 저녁시간에는 옥상에서 불고기 만찬과 마이코의 공연이 있다(19시~20시10분). 그 외에 료칸 내에서 마이코로 변신해 볼 수 있고 기모노도 입어볼 수 있다.

료리료칸 시라우메
料理旅館白梅

- P23A3
- 한큐교토센(阪急京都線) 카와라마치(河原町)역에서 시라카와(白川) 방향으로 도보7분
- 교토시 히가시야마구 기온심바시시라카와아제(京都市東山区祇園新橋白川畔)
- (075)561-1459
- (075)531-5290
- 1박2식 ¥18,000~¥35,000부터, 1박 1식(아침) 포함 ¥13,000~¥25,000, 저녁식사는 교토풍의 카이세키(懐石) 요리 위주. 이곳은 숙박 외에 식사도 할 수 있다.(예약제)
- www.shiraume-kyoto.jp

시라카와(白川)에 있는 료리료칸 시라우메의 입구에는 여덟 그루의 흰 매화나무가 심어져 있다. 130여 년 된 마치야 건축물로 역사적으로도 오래된 료칸이다. 얼마 전에 새 단장하였지만, 일본의 전통적인 분위기는 그대로 남아있어 일반 료칸들과 달리 우아한 멋을 가지고 있다.

각 방에는 격자창, 화장대, 작은 옷장, 초롱 등이 있으며, 언제든지 아름다운 매화 그림을 볼 수 있다. 실내장식과 서비스에서 와카오카미(若女将·젊은 여주인)의 자상한 배려가 엿보이며 그 섬세함은 카이세키 요리에서 빛을 발한다. 또 와카오카미의 영어 실력이 뛰어나기 때문에 일본어가 통하지 않는 외국 관광객들도 안심하고 찾을 수 있는 곳이다.

와라쿠안
和楽庵

- 교토(京都)역에서 시영버스 206번 승차, 쿠마노신사(熊野神社)에서 하차 후 도보1분
- 교토시 사쿄구 쇼고인산노쵸(京都市佐京区聖護院山王町19)
- (075)771-5575
- 2인실 ¥5,500~¥7,000, 단체실 1인당 ¥2,500
- gh-project.com/j/home.html

카모가와칸
加茂川舘

- P23A2
- 교토(京都)역에서 지하철 카라스마센(烏丸線) 이용, 카라스마오이케(烏丸御池)역에서 지하철 토지이센(東西線)으로 환승 후 산죠 케이한(三条京阪)역에서 하차, 도보3분
- 교토시 나카교구 카와라마치도리산죠오하시니시즈메(京都市中京区河原町通り三条大橋西詰)
- (075)221-4007
- (075)223-1731
- 아침식사 제공, 2인실 하루 숙박 평일 1인당 ¥7,350, 휴일 1인당 ¥9,450
- www.kamogawa-kan.co.jp

라쿠츄(洛中)
RAKUCHU

라쿠츄

洛中 RAKUCHU

라쿠츄(洛中)는 교토에서 가장 번화한 곳이다. 교토 역, 시죠카와라마치(四条河原町)와 기온(祇園) 일대가 모두 이에 속하며, 관광객들이 쇼핑하기에도 아주 좋은 곳이다. 세계문화유산인 토지(東寺), 니시혼간지(西本願寺), 니죠성(二条城) 또한 라쿠츄에 있다.

교통정보

◎ 교토(京都)역에서 각 명소로 가는 시영버스가 있다.
◎ 카와라마치(河原町), 시죠도리(四条通り) 방면: 1.교토(京都)역에서 시영버스 5, 17, 205, 고속205번 승차, 시죠카와라마치(四条河原町)에서 하차. 2.지하철 카라스마센(烏丸線) 시죠(四条)역에서 하차. 3.한큐교토센(阪急京都線) 카와라마치(河原町)역에서 하차. 4.케이한혼센(京阪本線) 시죠(四条)역에서 하차

라쿠츄

명소

명소

토지
東寺 Touji

- P8B3
- 1.쿄토(京都)역에서 시영버스 42번 승차, 토지토몬마에(東寺東門前)에서 하차 2.킨테츠쿄토센(近鉄京都線) 토지(東寺駅)역에서 도보5분
- 쿄토시 미나미구 쿠죠쵸(京都市南区九条町1)
- (075)691-3325
- 9시~17시30분 (9/20~3/19까지 16시30분)
- 연중개방
- 입장료 ¥500

토지(東寺)의 정식 명칭은 쿄오고코쿠지(教王護国寺)로 수도를 보호한다는 의미가 담겨 있으며 역사적으로도 중요한 곳이다.

토지는 일본 문화에 깊이 영향을 미친 쿠가이오쇼(空海和尚)가 세웠나. 일본에서 코보다이시(弘法大師)로 존경 받고 있는 쿠가이(空海)는 진언밀교를 일본에 전한 것 이외에 일본의 카타카나를 창조한 인물이다. 어떤 이는 그를 카이산소시(開山祖師)라고 부르기도 한다. 토지의 57m 높이의 탑은 일본에서 제일 높은 오층탑으로, 쿄토의 상징이 되었다.

토지는 중요한 문화재를 많이 소장하고 있고, 일본 밀교 미술의 보물 창고이며 1994년 세계문화유산으로 등제되었다.

라쿠츄

카와라마치, 시죠도리, 산죠도리

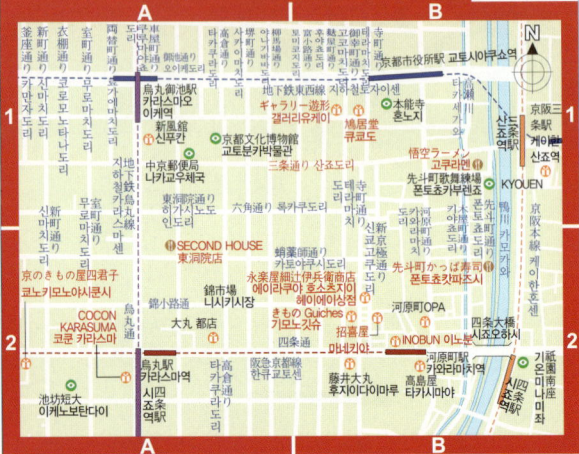

니시키코지 도리

니시혼간지

西本願寺 Nishihonganji

- P9C3
- 1.교토(京都)역에서 도보15분
  2.시영버스 9, 28번 승차, 니시혼간지마에(西本願寺前)에서 하차
- 교토시 시모교구 호리카와도리 하나야마치사가루(京都市下京区堀川通り花屋町下ル)
- (075)371-5181
- 5시30분~18시(3, 4, 9, 10월은 17시30분까지, 11~2월은 6시~17시)
- 연중개방
- 경내 자유 관람

니시혼간지(西本願寺)는 정토진종 본원사파의 본산지이고, 건축은 모모야마(桃山) 문화양식에 속한다. 당문, 서원, 능무대는 모두 세계문화유산이다. 니시혼간지의 카라몬(唐門)은 후시미 성(伏見城)에서 옮겨온 것이다. 오다 노부나가(織田信長)의 전성기 때 건설된 후시미 성은 매우 높고, 내부에는 돌계단을 쌓아 더욱 장엄하고 웅장한 건축물이다.

니시혼간지 안의 카라몬 조각 기법은 매우 섬세하여 사람들이 한참을 서서 감상하다 해가 지는 줄도 모른다하여 히구레몬(日暮門)이라고 부르기도 한다. 카라몬의 문짝에는 짙은 남색 몸과 황금색 털을 가진 사자 16마리가 조각되어 있는데, 아주 화려하다. 기둥에는 같은 모양의 기린이 조각되어 있다. 일본 기린 맥주의 상표가 이곳 카라몬의 기린을 보고 영감을 얻어 만들어졌다는 이야기가 있다.

풍속박물관

니시혼간지 옆에 있는 풍속박물관(風俗博物館)에서는 헤이안 시대의 우아한 귀족생활이 담겨진 겐지모노가타리(源氏物語)를 볼 수 있다. 전시된 인형들은 헤이안 귀족 복장인 쥬니히토에(十二単衣)를 입고 있으며 겐지모노가타리의 아름다운 전경을 입체 모형으로 재현해 놓았다.

니죠 성

二条城 Nijojo

- P9C2
- 1.교토(京都)역에서 시영버스 9, 50, 101번 승차, 니죠죠마에(二条城前)에서 하차 2.지하철 토자이센(東西線) 니죠죠마에(二条城前)역에서 하차
- 교토시 나카교구 니죠도리 호리카와이루 니죠죠쵸(京都市中京区二条通り堀川入ル二条城町541)
- (075)841-0096
- 8시45분~16시, 17시 폐관
- 7, 8, 12, 1월은 수요일 (국경일인 경우 익일), 12월26일~1월4일
- 입장료 ¥600

세키가하라(関ヶ原) 전투에서 승리하고, 실권을 얻은 도쿠가와 이에야스(徳川家康)가 교토에 올 때마다 머물렀던 곳으로 묵중한 흰 돌을 담 밑에 두고 성을 쌓아 도쿠가와 이에야스의 무가 정신을 나타낸 위풍당당하고 화려한 건축물이다.

히가시 오테몬(東大手門)에서 니죠 성(二条城)에 들어가 흰색 담을 따라 걷다보면 마치 살아 있는 동물처럼 대범하면서도 세심한 조각으로 장식된 카라몬(唐門)을 볼 수 있다. 카라몬의 꼭대기에는 용, 호랑이, 사자 불상이 어우러져 있어 도쿠가와 막부의 야심을 나타낸다.

카라몬에 들어서면 니노마루고텐(二の丸御殿)을 만난다. 이 어전은 모모야마(桃山) 건축양식의 경전으로 금박의 장식이 화려하고 반짝거려 시선을 사로잡는다. 천황이 머무는 고쇼(御所)와 뚜렷하게 비교된다.

세이류엔 清流園

니죠 성 내의 세이류엔(清流園)은 벚꽃시즌에 가장 낭만적인 풍경을 연출한다. 벚꽃도로의 길이가 400m에 이르고, 원내의 시다레자쿠라(枝垂桜)가 복숭아꽃 빛깔로 가득 피어나 봄날의 화려한 분위기는 절정에 이른다.

히가시혼간지

東本願寺 Higashihonganji

- P9C3
- 교토(京都)역에서 시영버스 205, 101, 26, 5, 57번 승차, 카라스마나나죠(烏丸七条)에서 하차
- 교토시 시모교구 카라스마도리 시치죠아가루(京都市下京区烏丸通り七条上ル)
- (075)371-9181
- 5시50분~17시30분(11월~2월 6시20분~16시30분)
- 연중개방
- 경내 자유 관람

히가시혼간지는 일본 정토진종 대곡파의 대본산으로 교토의 중심지 카라스마도리(烏丸通り)에 위치하고 있어 교토를 찾은 관광객이라면 꼭 들려야 할 관광코스이다.

카라스마도리에서 히가시혼간지 방향을 바라보면 그 웅장한 기세를 가장 잘 느낄 수 있다. 히가시혼간지 경내의 고에이도(御影堂)는 세계에서 가장 큰 목조건물로, 정토 전종의 창설자인 신란쇼닌(親鸞上人)이 공양한 것이다. 11월이 되어 경내에 거대한 은행나무의 잎이 황금색으로 물들면 이 목조건물의 고전적인 멋이 더욱 돋보인다.

니시키 시장
錦市場 Nishiki Ichiba

- P71
- 1.교토(京都)역에서 시영버스 5, 57번 승차, 시죠 타카쿠라(四条高倉)에서 하차 2.시영버스 5, 17, 205번 승차, 시죠카와라마치(四条河原町)에서 하차 후 도보6분
- 9시~18시

「교토의 주방」이라고 불리는 니시키 시장은 카이세키(懷石) 요리와 일반 가정의 부식 거리를 모두 살 수 있는 곳이다. 야채, 센마이즈케(千枚漬け:절인 음식), 생면, 유바, 쌀, 건어물 등을 파는 100여 개의 점포가 있다. 그중에는 일본풍의 주방 용품들을 파는 곳도 있고, 특색 있는 일본 음식을 맛볼 수 있는 작은 점포들도 있다.

니시키 시장은 그 지역의 야채와 생선 등도 팔고 교토의 특산품도 살 수 있는 곳으로 이른 아침부터 저녁까지 사람들로 넘쳐난다.

폰토쵸도리
先斗町通り

- P70B1
- 교토(京都)역에서 시영버스 5, 17, 205, 고속 205번 승차, 시죠카와라마치(四条河原町)에서 하차

폰토쵸도리는 키야마치도리와 카모가와의 중간에 있는 교토의 오래된 유흥가이다. 바둑판 모양의 돌길 양쪽에 고풍스러운 찻집, 현대적인 디자인의 식당, Bar, 다국적 음식점과 술집들이 있다. 여름에는 카모가와에 있는 노천식 식당인 카모가와 노료유카(鴨川納涼床)가 유명하다. 오후 6, 7시정도가 되어 어둑해지면 게이샤들도 볼 수 있다. 빨간색 초롱과 목조 건축물을 보면 폰토쵸도리가 밤이 될수록 아름다워진다는 것을 느끼게 된다.

카와라마치
河原町

- P70B1
- 1.교토(京都)역에서 시영버스 5, 17, 205, 고속 205번 승차, 시죠 카와라마치(四条河原町)에서 하차 2.지하철 카라스마센(烏丸線) 시죠(四条)역에서 하차 3.한큐 교토센(阪急京都線) 카와라마치(河原町)역에서 하차 4.케이한 혼센(京阪本線) 시죠(四条)역에서 하차
- 교토시 나카교구(京都市中京区) 카와라마치(河原町), 시죠도리(四条通り), 산죠도리(三条通り) 일대는 교토에서 가장 번화한 거리로 교토를 찾은 관광객이라면 한 번쯤 들러 쇼핑도 하고, 맛있는 음식도 먹을 수 있는 곳이다. 카와라마치(河原町)에는 젊은이들이 자주 찾는 타카시마야(高島屋) 백화점, OPA 백화점 등이 있어 쇼핑을 좋아하는 사람들이라면 절대 빈손으로 돌아가지 못할 것이다.

그밖에 음식 복합 상가, 특산품 상점과 파칭코 등이 거리에 모여 있다. 영업시간은 오전 10시부터 저녁 8시까지. 식당의 영업시간은 저녁 11시까지이다.

신쿄고쿠도리, 테라마치도리
新京極通り, 寺町通り

- P70B1, B2
- 교토(京都)역에서 시영버스 5, 17, 205, 고속 205번 승차, 시죠카와라마치(四条河原町)에서 하차

신쿄고쿠도리(新京極通り)와 테라마치도리(寺町通り)는 교토에서 유명한 상점가이다. 거리에는 지붕이 덮여 있어 우천 시에도 아무런 지장 없이 쇼핑이 가능하다. 젊은이들이 좋아하는 유행 의상, 개성 있는 상점, 패스트푸드점, 대형서점, PC방, 기념품점과 체인점인 Loft, Uniqlo 등이 이 거리에 모여 있다. 테라마치도리(寺町通り)의 북

단 쪽에는 불교 용품 상점, 고서점과 사원 등이 있다. 오다 노부나가(織田信長)를 모시는 혼노지(本能寺)도 이곳에 있다.

카모가와

鴨川

- P70B1,B2
- 교토(京都)역에서 시영버스 5, 17, 205, 고속 205번 승차, 시죠카와라마치(四条河原町)에서 하차

카모가와(鴨川)는 하천 바닥이 보일 정도로 수질이 맑아 백로와 들새들이 먹이를 먹는 모습을 자주 볼 수 있다. 저녁이 되어 주변 식당에서 등을 밝히면 낭만적인 분위기가 흘러 넘쳐 연인들이 데이트하기 좋다. 하천변에는 노천식당인 카모가와 노료유카(鴨川納凉床)가 있는데, 여름에는 버드나무가, 봄에는 벚꽃이 만개하여 매우 아름답다.

산죠도리

三条通り

- P70A1
- 교토(京都)역에서 시영버스 5, 17, 205, 고속 205번 승차, 시죠카와라마치(四条河原町)에서 하차

쇼세이엔

涉成園

- P9C3
- 교토(京都)역에서 시영버스 205, 101, 26, 5, 57번 승차, 카라스마나나죠(烏丸七条)에서 하차. 히가시혼간지(東本願寺) 옆
- 교토시 시모교구 시모쥬즈야쵸도리 아이다노마치히가시이루 히가시다마미즈쵸(京都市下京区下数珠屋町通り間の町東入ル東玉水町)
- (075)371-9182
- 9시~15시30분
- 연중개방
- 입장료는 없지만 정원 관리비 명목으로 자유롭게 기부(일본에선 관리 기부금이라고 말한다.)

히가시혼간지 방향에 있는 쇼세이엔은 비교적 한적하며 규모가 그

시죠도리
四条通り

P70A2

교토(京都)역 앞에서 시영버스 5, 17, 205, 쾌속205에 승차, 시죠카와라마치(四条河原町)에서 하차

라쿠츄 • 명소

금융 빌딩뿐만 아니라 타카시마야백화점, 다이마루백화점이 모두 여기에 모여 있다. 그중 후지이다이마루백화점의 상품들은 20~35세 여성을 타깃으로 한 것이다. 유행의 최첨단을 걷는 세계 각국 명품 브랜드의 총집결지라고 할 수 있다.

산죠도리(三条通り)에 있는 벽돌로 지은 서양풍 건축물들은 오늘날 신푸칸(新風館), 교토문화박물관(京都文化博物館) 등으로 바뀌었다. 거리에는 커피숍과 명품을 파는 상점들이 많고, 한큐산죠(阪急三条)역 방면에는 새롭게 문을 연 음식광장인「Kyouen」이 있다. 유명한 산토카(山頭火) 라멘 외에도, 요즘 많이 찾는 다국적 식당과 생활 소품점 등도 있다.

리 크지 않아 가볍게 산책할 수 있는 일본식 정원이다. 겐지모노가타리(源氏物語)의 모델인 사가천황(嵯峨天皇)의 태자 미나모토노 토오루(源融)의 별장이었다. 그래서 이 정원을 거닐면 헤이안(平安) 시대 조경의 아름다움을 느낄 수 있다.

일찍이 에도(江戸) 시대 때 공사를 마친 쇼세이엔은 연못을 중심으

로 거닐 수 있는 정원이 있고, 연못 곳곳에 높은 정자와 누각을 두어 경치가 수려하다.

교토고쇼
京都御所

P9C2

지하철 카라스마센(烏丸線) 마루타쵸(丸太町)역 또는 이마데가와(今出川)역에서 도보5분

(075)211-6348

자유

연중개방

교토교엔(京都御苑) 경내 자유 관람

교토고쇼의 바깥 동산이 교토교엔(京都御苑)이다. 고쇼(御所)는 천황이 머물던 곳으로 도쿄로 수도를 이전하기 전까지 일본의 천황이 살던 황궁이었다.

평상시에는 고쇼를 공개하지 않고, 반드시 사전 신청을 해야만 관람할 수 있다. 매년 봄과 가을에는 5일씩 일반인들에게 공개하는 날이 있는데 벚꽃이 만개하고 단풍이 물드는 이때는 사전 신청할 필요 없이 관람할 수 있다.

교토교엔 내에는 벚꽃 외에도 100년이 넘은 검은 소나무가 한 그루 있다. 이 고목에는 벚꽃이 기생하고 있어, 매년 봄이면 소나무에서 벚꽃이 피어나는 신기한 광경이 연출되어 많은 관광객들과 사진작가들을 유혹하고 있다.

시모가모신사
下鴨神社 Shimogamojinja

- P9C2
- 1.오토센(鴨東線) 데마치야나기(出町柳)역에서 도보10분 2.시영버스 4, 205번 승차, 시모가모진쟈마에(下鴨神社前)에서 하차
- 교토시 사쿄구 시모가와이즈미가와쵸(京都市左京区下鴨泉川町59)
- (075)781-0010
- 여름 5시30분~18시, 겨울 6시30분~17시 (보물전 10시~16시)
- 연중개방
- 경내는 자유 관람, 보물전 ¥500

시모가모신사에는 고전적인 마이도노(舞殿), 하시도노(橋殿), 호소도노(細殿)와 혼덴(本殿) 등의 건축물이 있는데, 윤곽의 선이 간결하면서 귀족적인 분위기가 짙다.

매년 5월에 거행되는 교토의 두 제전인 야부사메(流鏑馬·달리는 말 위에서 활쏘기)(5월 3일), 아오이 마츠리(葵祭リ)(5월 15일) 때, 시모가모신사는 중요한 무대가 된다. 카케쿠라베(駆競·말의 목에 방울을

키타노텐만구
北野天満宮 Kitanotenmangu

- P8B2
- 교토(京都)역에서 시영버스 50, 101번 승차, 키타노텐만구(北野天満宮)에서 하차
- 교토시 카미교구 바쿠로쵸(京都市上京区馬喰町)
- (075)461-0005
- 5시~18시(11월~3월은 5시30분~17시30분, 보물전 9시~16시)
- 연중개방

키타노텐만구에는 헤이안 시대 때 학덕 있고 용감한 문인 겸 학자였던 스가와라 마미치(菅原真道)의 위패가 있다.

이곳은 교토에서 매화꽃 감상으로 유명한 곳이다. 2천여그루의 매화나무가 2월 하순이 되어 만개할 때면 매우 아름다워 감탄이 절로 나온다. 2월 25일의 매화제 때는 카미시치켄(上七軒)의 마이코와 게이샤들이 참배하러 오는데, 그들의 우아한 자태가 아주 인상적이다. 또 매월 25일은 정기적으로 장터가 열려 왁자지껄한 분위기도 즐길 수 있다.

카미시치켄 카부렌죠
(키타노 오도리)

上七軒歌舞練場 (北野踊り)

- P8B2
- 교토 시영버스 50번 승차, 카미시치켄(上七軒)에서 하차
- 교토시 카미교구 이마데가와도리 시치혼마츠니시이루(京都市上京区今出川通り七本松西ル)

- 4월 중순 후 2주 공연
- 매일 공연 횟수는 정오부터 2~3회, 차 티켓: ¥4,300, 일반표: ¥3,800

키타노텐만구 근처에 있는 카미시치켄(上七軒)은 유흥가로 유명한 교토 니시노진(西の陣) 지역이다. 카미시치켄 카부렌죠는 다른 곳에 비해서 규모가 작은 편이고, 외관도 비교적 소박하지만, 마이코의 공연만큼은 평범하지 않다. 4월 중순의 키타노오도리(北野踊り)는 놓치지 말아야 할 공연이다.

달고 멧돼지 탈을 쓴 사람과 경주하는 것)도 성대하게 거행하는데, 고대의 귀족 복장을 한 사람들이 여러 가지 행사를 진행하는 모습은 마치 천 년 전의 헤이안 시대에 온 것 같은 깊은 인상을 준다.

시모가모신사는 4월이면 문 앞에 활짝 핀 벚꽃으로도 매우 유명하다. 벚꽃 잎이 주황색 문 앞으로 흩날려 아름다운 풍경을 빚어내어 사람들의 이목을 끈다. 가을에는 본전으로 들어가는 길을 붉게 물들이는 350미터 가량의 큰 단풍나무가 있어 정취를 더한다.

쥬니히토에노 키츠케(十二単衣의 着付け)와 오쵸노 마이(王朝の舞)

쥬니히토에는 헤이안 시대 귀족 여성의 정식 예복으로, 겹겹이 로 포개서 총 12벌의 옷을 입어 그 무게가 15킬로그램에 달한다. 시모가모신사의 쥬니히토에노 키츠케(十二単衣의 着付け:분장 과정) 후에는 음악에 맞춰 춤(王朝の舞:오쵸노 마이)을 춘다. 매일 정기적으로 하는 공연은 아니고 여행 단체의 신청이 있을 때에만 공연을 진행한다.

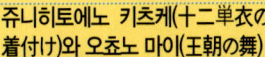
명소

로잔지

盧山寺 Rozanji

- P9C2
- 교토(京都)역에서 시영버스 17, 205번 승차, 후리츠이다이뵤인마에(府立医大病院前)에서 하차 후 도보3분
- 교토시 카미교구 시죠도리 히로코지아가루(京都市上京区四条通広小路上ル)
- (075)231-0355
- 9시~16시
- 1월1일, 2월3일, 12월31일

산쥬산겐도

三十三軒堂 Sanjusangendo

- P9C3
- 교토(京都)역에서 시영버스 100, 206, 208번 승차, 하쿠부츠칸 산쥬산겐도마에(博物館三十三軒堂)에서 하차
- 교토시 히가시야마구 산쥬산겐도마와리쵸(京都市東山区三十三軒堂廻り町657)
- (075)525-0033
- 8시~17시 (4/1~11/15), 그 이외 시간 9시~16시
- 입장료 ¥600

산쥬산겐도는 「모두 33개의 기둥으로 이루어진 대전」을 뜻하며, 정식 명칭은 렌게오인(蓮華王院)이다. 건립 당시(1164년) 일본 전역의 불상 조각가들이 모두 모여 산쥬산겐도를 완성했다고 전해지는데, 이곳의 불상조각은 매우 수준급이다. 그중 정 가운데 있는 목조천수관음좌상(木造千手観音座像)은 가마쿠라(鎌倉) 시대(1192~1333) 때 유명

니시진오리 회관

西陣織会館 Nishijinorikaikan

- P9C2
- 교토(京都)역에서 시영버스 101번 승차, 호리카와 이마데가와(堀川今出川)에서 하차
- 교토시 카미교구 호리카와도리 이마데가와 미나미이리(京都市上京区堀川通り今出川南入)
- (075)451-9231
- 9시~17시
- 연중무휴
- 무료입장. 기모노 패션쇼 1일 약 6회. 기모노 대여 하루에 ¥3,600~¥10,000
- www.nishijin.or.jp/kaikan

교토의 전통 공예 중에서 옷과 관련된 것을 손에 꼽는다면 니시진오리(西陣織)와 쿄유젠(京友禅)을 들 수 있다. 니시진은 지명이다. 15

💲 입장료 ¥400

교토고쇼 부근에 위치한 로잔지는 헤이안 시대를 대표하는 작가 무라사키 시키부(紫式部)의 저택으로 유명하다. 본명이 후지와라노 타카코(藤原香子)인 무라사키 시키부는 「겐지모노가타리(源氏物語)」, 「무라사키 시키부 닛키(紫式部日記)」, 「무라사키 시키부슈(紫式部集)」 등의 책을 이곳에서 썼고, 1031년 59세의 나이로 세상을 떠났다.

로잔지 본당 남쪽의 「겐지니와(源氏庭)」에는 자주색 도라지꽃이 심어져있고, 정원에는 흰 모래를 깔아 놓았다. 여름이 끝나고 가을이 시작될 무렵, 녹색의 푸른 이끼로 덮인 백사장에 자주색 도라지꽃이 피면 매우 아름답다.

우메코지 증기기관차관
梅小路蒸気機関車館

📍 P8B3
🚌 교토(京都)역에서 시영버스 205, 208번 승차, 우메코지 코엔마에(梅小路公園前)에서 하차
🏠 교토시 시모교구 칸키지쵸(京都市下京区歓喜寺町)
📞 (075)314-2996
🕘 9시30분~17시
🚫 매주 월요일과 연초, 연말 (12월29일~1월3일)
💲 입장료 ¥400, 어린이 ¥100
   SL Steam호 시승-대인 ¥200, 어른(3세 이상) ¥100
🌐 www.mtm.or.jp/uslm

이곳은 JR산인(山陰本線)의 옛 니죠역(二条駅) 건물을 개조하여 만든 곳으로 일본에서 가장 오래된 목조 역사(駅舎)이고, 교토시가 정한 유형문화재이다.

역사 내에는 오래된 부채형 차고, 전차대(기차의 방향을 바꾸는 것), 10대의 증기기관차가 있다. 실외에는 「SL Steam호」 증기기관차가 있는데 직접 타볼 수 있다.

한 조각가 단케이(湛慶)가 만들었다. 수정으로 만든 눈과 섬세하게 조각된 이 불상은 일본의 유명한 국보이다.

이름은 「친수(千手)」관음이지만, 사실 모두 40개의 손이 있는데, 신자들은 그가 세상을 구원할 25종의 법기를 쥐고 있다고 믿어, 무한한 능력의 상징인 「천수」로 부른 것이다.

세기부터 직공들이 이곳에 모여들어 옷감이 생산되기 시작하면서 니시진오리라고 불리게 되었다.

니시진오리 회관에서는 교토 전통 직물공예 니시진오리의 발전역사와 수직기의 현장 시연회, 기모노 패션쇼도 볼 수 있다. 이층에는 손수건, 지갑, 유카타 등 니시진오리와 관련된 상품을 판매한다.

히라노신사

平野神社 Hiranojinja

- P8B2
- 교토(京都)역에서 시영버스 205, 206번 승차, 이카사코마에(衣笠校前)에서 하차
- 교토시 키타구 히라노미야모토쵸(京都市北区平野宮本町1)
- (075) 461-4450
- 5시30분~17시
- 연중개방
- 무료 관람

히라노신사는 헤이안 시대에 교토로 천도한 칸무천황(桓武天皇)이 옮겨온 오래된 신사이다. 경내에는 수십 종의 나무가 심어져 있는데, 약 500그루의 진귀한 벚꽃나무는 수량 면에서 교토 최고를 자랑한다. 교토 사람들은 요시노노 사쿠라(吉野の桜)라고 부른다. 4월 중순 무렵에는 야간 꽃구경 행사가 열리고, 4월 10일에는 벚꽃제를 거행한다.

나시노키신사

梨木神社 Nashinokijinja

- P9C2
- 교토(京都)역에서 시영버스 4, 17, 205번 승차, 후리츠이다이보인마에(府立医大病院前)에서 하차 후 도보5분
- 교토시 카미교구 시죠도리 히로코지아가루 소메도노쵸(京都市上京区四条通広小路上ル染殿町680)
- (075)211-0885
- 연중개방

나시노키신사는 교토교엔 동쪽에 가까이 있는데, 아주 큰 나무아래 몸을 숨기고 있어, 애써 찾지 않으면 쉽게 발견하기 어려운 곳이다. 신사 안에 있는 유명한 소메노이(染井)라는 우물은 사메가이(醒井), 아가타이(縣井)와 함께 교토의 삼대 성수이며, 유일하게 현존하는 우물이다.

9월이 되면 꽃 중에서 가장 작은 싸리꽃(萩:하기)이 피기 시작하고, 참배 길에는 관광객들이 붐비면서, 평소 조용했던 신사에 활력을 불어넣는다.

9월 세 번째 주말에 열리는 하기 마츠리(萩まつり)에서는 시가 낭송과 다과회 및 예술품 시장이 열린다.

세이메이신사

晴明神社 seimeijinja

- P9C2
- 교토(京都)역에서 시영버스 101번 승차, 호리카와 이마데가와(堀川今出川)에서 하차 후 도보 2분
- 교토시 카미교구 호리가와도리 이치죠아가루(京都市上京区堀川通り一条上ル806)
- (075)441-6460
- 9시~18시
- 연중개방
- 무료 관람

세이메이신사는 헤이안 시대의 음양사였던 아베노 세이메이(安部晴明)를 받드는 신사이다. 9월 22일과 23일에는 신사 앞에서 전통 복장을 한 400명의 사람들이 제전을 거행한다.

음양사는 천문, 기상, 역법, 점술 등을 담당했던 사람들로, 요괴퇴치의 도법을 가지고 있다고 전해진다. 아베노 세이메이는 그중 법력이 가장 높은 음양사로, 그에 관한 많은 기이한 이야기들이 남아있다. 아베노 세이메이의 이야기는 [음양사(陰陽師)]라는 영화로도 만들어졌다.

라쿠츄

명소

이마미야신사

今宮神社 Imamiyajinja

- P8B2
- 교토(京都)역에서 시영버스 101번 승차, 후나오카야마(船岡山)에서 하차 후 도보7분
- 교토시 키타구 무라사키노이마미야쵸(京都市北区紫野今宮町21)
- (075)491-0082
- 9시~17시
- 연중개방
- 무료 관람

이마미야신사에는 의약의 신을 숭배하는 주홍색의 신전이 있다. 매년 4월 둘째 주 일요일에 거행되는 야스라이 마츠리(やすらい祭)는 교토의 삼대 마츠리 중의 하나이다.

이마미야신사 옆에서는 주문 즉시 구워주는 유명한 아부리모치(あぶり餅)를 판매한다. 달콤한 아부리모치를 먹으면 병이 완쾌된다는 전설도 있다.

쇼핑

잇포도챠호 카보쿠
一保堂茶舗嘉木

- 지하철 토자이센(東西線) 교토시야쿠쇼마에(京都市役所前)역에서 테라마치도리(寺町通り)방향으로 도보3분
- 교토시 나카교구 테라마치도리 니죠아가루(京都市中京区寺町通り二条上ル)
- (075)211-3421
- 11시~17시 (판매시간은 19시까지, 일요일과 국경일은 18시까지)
- 연중무휴

잇포도는 290여 년의 역사를 가진 고급 차 호센(芳泉)으로 유명하다. 일본차를 판매하는 것 외에, 부설된 카보쿠 찻집에서는 달인 차에 생과자를 곁들여 제공하고, 여름에는 시원한 맛차(抹茶)도 제공한다.

큐쿄도
鳩居堂

- P70B1
- 교토(京都)역에서 시영버스 5, 17, 205, 고속 205번 승차, 시죠카와라마치(四条河原町)에서 하차
- 교토시 나카교구 테라마치 아네코지아가루 시모혼노지마에쵸(京都市中京区寺町小路上ル下本能寺前町520)
- (075)231-0510
- 10시~18시
- 일요일(국경일이면 영업함)

1663년에 창업한 큐쿄도는 센코(線香:가늘고 긴 향)와 문구를 판매한다. 사계절에 맞는 각각의 쿤코(薰香:연기를 피워서 내는 향)와 예쁜 도안의 편지지, 엽서, 메모지, 필묵 등, 교토의 우아한 정취가 느껴지는 제품들이 많다.

마네키야
招喜屋

- P70B2
- 교토(京都)역에서 시영버스 5, 17, 205, 고속 205번 승차, 시죠카와라마치(四条河原町)에서 하차
- 교토시 나카교구 신쿄고쿠도리 니시키코지사가루 나카노쵸(京都市中京区新京極通錦小路下ル中之町542)
- (075)221-5103
- 11시~20시
- 부정기 휴업

마네키네코(招き猫), 금붕어, 개구리, 기린, 백두루미,

기모노 깃슈
きもの Guiches

- P70B2
- 교토(京都)역에서 시영버스 5, 17, 205, 고속 205번 승차, 시죠카와라마치(四条河原町)에서 하차
- 교토시 나카교구 테라마치도리 시죠도리아가루 테라마치우타노코지빌딩(京都市中京区寺町通り四条通り上ル寺町詩の小路ビル 4F)
- (075)211-5565
- 11시~22시
- 연중무휴
- 신품 기모노 한 벌 ¥21,400부터
- www.guiches.co.jp

요즘 교토의 젊은이들 사이에는 기모노를 개량하여 입고 다니는 것이 유행하여. 여러 가지 도안의 참신한 기모노는 사람들의 이목을 끈다. 세트를 구입하는 고객에게는 4층에 있는 미용실에서 무료로 화장도 해주어 곧바로 입고 거리로 나올 수 있다.

라쿠츄

쇼핑

쿄노 키모노야 시쿤시
京のきもの屋四君子

- P70A2
- 지하철 카라스마센(烏丸線) 시죠(四条)역에서 도보3분
- 교토시 시모교구 시죠도리 니시노도인히가시이루미나미가와(京都市下京区四条通り西洞院東ル南側)
- (075)221-0456
- 10시~19시
- 연중무휴
- 기모노 대여 ¥11,550
- www.shikunshi.com

메이지시대의 마치야 건물을 개조하여 교토의 정취가 듬뿍 느껴지는 곳이다. 고급 기모노와 오래된 기모노를 주로 취급하며, 휴대폰 케이스, 손지갑, 손수건, 손가방 등의 아름다운 일본풍 잡화가 있다. 기모노 대여 서비스도 한다.

오뚝이(だるま) 등의 봉제인형을 파는 상점이다. 귀엽고 작은 선물을 하고 싶다면, 이곳에 들러보자.

에이라쿠야 호소츠지 이헤이에이상점

永楽屋細辻伊兵衛商店

- P70B2
- 한큐교토센(阪急京都線) 카와라마치(河原町)역에서 도보5분
- 교토시 나카교구 무로마치산죠 아가루 엔노교쟈쵸(京都市中京区室町三条上ル役行者町368)
- (075)257-0088
- 11시~20시
- 연중무휴
- www.eirakuya.jp

일본 메이지시대부터 쇼와시대까지의 고상하고 아름다운 금붕어와 고양이, 마이코 등의 도안으로 만들어진 손수건, 손지갑, 손가방, 테디베어 인형 등이 있다. 복고풍의 도안과 잘 어우러져 소박한 용품들이 사랑을 받고 있으며, 교토에서 가장 유행하는 상품이 되었다.

이노분

INOBUN

- P70B2
- 교토(京都)역에서 시영버스 5, 17, 205, 고속 205번 승차, 카와라마치(河原町)에서 하차
- 교토시 시모교구 시죠도리 카와라마치니시이루 오타비쵸(京都市下京区四条通リ河原町西入ル御旅町26)
- (075)221-0854
- 11시~21시
- 연중무휴

이노분은 생활 잡화를 파는 곳으로, 유행하는 옷과 액세서리, 신발, 모자 등 소박하면서도 귀여운 제품들이 아주 많다.

신푸칸

新風館

- P70A1
- 지하철 토자이센(東西線) 카라스마오이케(烏丸御池)역 5번출구에서 도보3분
- 교토시 나카교구 카라스마도리 아네노코지사가루 바노쵸(京都市中京区烏丸通リ姉小路下ル場之町586-2)
- (075)213-6688
- 상점 11시~20시(금, 토, 국경일 하루 전은 ~21시), 식당 11시~23시
- 1월1일, 1월23일, 2월20일
- www.shin-puh-kan.com

코쿤 카라스마
COCON KARASUMA

- P70A2
- 지하철 카라스마센(烏丸線) 시죠(四条)역 2번 출구에서 도보1분
- 교토시 시모쿄구 카라스마도리 아야노코지아가루 스이긴야쵸(京都市下京区烏丸通り綾小路上ル水銀屋町620)
- (075)352-3800
- 10시~23시30분
- 연중무휴
- www.coconkarasuma.com

2004년 12월 시죠카라스마(四条,烏丸)에 문을 연 새로운 백화점으로 생활미학을 제안하는 각 상점들이 젊은이들의 사랑을 받고 있다. 전통종이류를 파는 KIRA KARACHO, 향기가 각기 다른 백가지 색채의 현란한 향초를 판매하는 lisn 등이 있고, 2층에는 이국적인 식당들이 있다.

갤러리 유케이
ギャラリー遊形

- P70B2
- 지하철 토자이센(東西線) 시야쿠쇼마에(市役所前)역에서 도보5분
- 교토시 나카교구 아네노코지 후야쵸히가시이루(京都市中京区姉小路麩屋町東入ル)
- (075)257-6880
- 11시~19시
- 매월 1, 3째 주 수요일(4, 5, 10, 11월은 무휴), 1월 1일
- 俵屋旅館石鹸(타와라야 료칸 비누) 6개 ¥1,365

타와라야는 300여 년의 역사를 지닌 유명한 료칸이다. 갤러리 유케이는 바로 이 료칸에서 가장 인기 있는 특제 비누를 판매하는 곳이다. 200여 종의 향료를 넣은 비누는 료칸 주인이 특별히 유명화장품 메이커이 카오(花王)에 주문제작한 것으로, 우아한 향기와 부드럽고 매끄러운 거품 때문에 호평을 받고 있다.

신푸칸은 타이쇼(大正) 시대에 지어진 전화교환국을 개축한 개성 넘치는 쇼핑몰이다. 디자이너 숍, 서점, 갤러리, 식당 등이 있고, 젊은이들에게 있기 있는 Kyoto Beams매장도 이곳에 있다.

유메키치
夢吉

P69A3

1. 한큐쿄토센(阪急京都線) 카와라마치(河原町)역에서 도보 2분 2.쿄토(京都)역에서 시영버스 4, 5, 17, 57, 205번 승차, 시죠카와라마치(四条河原町)에서 하차 후 테라마치도리(寺町通り) 방향으로 도보 3분

쿄토시 나카쿄구 테라마치도리 시죠아가루 나카노쵸(京都市中京区寺町通り四条上ル中之町552)

(075)231-0897

11시~20시

유카타 1일 대여, 여성 ¥3,990, 남성 ¥5,040, 연인이 같이 빌리면 ¥1,000 할인

www.yumekichikyoto.com

사다노 쿤교쿠도
負野薫玉堂

시영버스 9, 28번 승차, 니시혼간지마에(西本願寺前)에서 하차. 니시혼간지(西本願寺) 맞은편에 위치

쿄토시 시모쿄구 호리카와도리 니시혼간지마에(京都市下

코다이 유젠엔
古代友禅苑

P9C3

한큐쿄토센(阪急京都線) 시죠오미야(四条大宮)역에서 도보 10분

쿄토시 시모쿄구 타카츠지도리 이노쿠마니시이루 쥬몬지쵸(京都市下京区高十通り猪熊西入ル十文字町668)

(075)823-0500

9시~17시

유메키치는 테라마치도리와 시죠도리가 교차하는 곳 근처 상가의 2층에 있는 작은 상점이다. 입구 계단 측면 벽에는 이곳을 찾았던 손님들이 유카타와 기모노를 입고 찍은 기념사진들이 붙어있다.

여름에는 유카타를 대여해주고, 평상시에는 젊은 층이 좋아하는 기모노를 대여해주고 있다. 직원들이 세심하게 손님의 치장을 도와주며, 마츠리 기간에 빌렸다가 다음날 돌려주면 된다.

라쿠츄

쇼핑

京区堀川通り西本願寺前)
- ☎ (075)371-0162
- 📠 (075)343-1459
- 🕘 9시~17시 30분
- 休 매월 첫 번째와 세 번째 일요일
- 💲 향도체험 일인당 ￥2,000(맛차와 화과자 제공), 사전 예제, 인원수는 3인 이상(2인 이하는 매월 둘째와 넷째 주 금요일로 제한)

400년이 넘은 이 국보급 상점에서는 여러 용도의 향을 파는 것 외에도, 일반인과 일본 문화에 관심 있는 외국인을 대상으로 향도(香道)체험교실을 운영한다.

🌐 www.kodaiyuzen.co.jp

이곳에서는 고급 유젠(友禪:비단 등에 화려한 채색으로 인물, 꽃, 새, 산수 따위 무늬를 선명하게 염색한 기모노)을 감상할 수 있고, 각종 유젠 관련 상품들도 구입할 수 있다.

텐진이치
天神市

- 🔺 P8B2
- 🚌 시영버스 101, 102, 203, 8, 10, 50번 승차, 키타노텐만구마에(北野天満宮前)에서 하차
- 🏠 키타노텐만구(北野天満宮)
- 📅 매월 25일 6시~17시

키타노텐만구의 참배 길에서는 매월 25일 텐진이치라는 골동품 벼룩시장이 열린다. 1월 25일의 하츠텐진(初天神)과 12월 25일의 시마이텐진(終天神)은 천여 명의 노점상인들이 모이기 때문에 가장 떠들썩하다. 최근 일본 여성들 사이에서는 기모노를 입고 쇼핑하며, 차를 마시는 것이 유행하고 있다. 텐진이치에서 가장 많이 볼 수 있는 물품 역시 오래된 기모노(보존 상태의 좋고 나쁨에 따라 ￥500부터)이다.

오래된 기모노 외에, 쇼와시대의 잡화, 오래된 장난감, 시계, 서양인형, 도자기 등을 파는 곳도 있으며, 여러 가지 과자, 말린 과일, 장아찌 등을 파는 곳도 많아 구경해볼 만하다.

토요쿠니상노 오모시로이치
豊国さんのおもしろ市

- P9C3
- 시영버스 100, 206, 208번 승차, 하쿠부츠칸 산쥬산겐도(博物館三十三間堂)에서 하차 후 도보5분
- 교토국립박물관(京都国立博物館) 뒤편에 있는 토요쿠니신사(豊国神社) 안에서 개최
- 매월 8일, 우천 시 중단

쇼와시대의 고무 완구, 오래된 만화와 도구, 그릇과 컵 등의 물건들이 모여 있다. 완구 창고에 쌓여 있던 오래된 완구와 골동품들은 새로운 주인을 기다리고 있다.

코보이치
弘法市

- P8B3
- 1.긴테츠 토지(近鉄東寺)역에서 도보5분 2.시영버스 205번 승차, 토지미치(東寺道)에서 하차 후 도보5분
- 토지(東寺)

식당

혼케 오와리야
本家尾張屋

- P68B1
- 지하철 카라스마센(烏丸線), 지하철 토자이센(東西線)이용, 카라스마오이케(烏丸御池)역에서 하차, 쿠루마야쵸도리(車屋町通) 방향으로 도보2분
- 교토시 나카교구 쿠루마야쵸도리 니죠사가루(京都市中京区車屋町通り二条下ル)
- (075)231-3446
- (075)221-6081
- 11시~19시
- 1월1일 ~ 1월2일
- 호라이소바(宝来そば) ¥2,100, 쿄야사이텐세이로(京野菜天せいろ) ¥945, 카드 사용 가능

- www.honke-owariya.co.jp

타이쇼시대 초기 연회실 건축 조형의 혼케 오와리야는 소박하면서 전통적이다. 오와리야는 에도시대에 궁중에 메밀 면을 제공했었는데, 무려 530여 년의 역사를 가지고 있다. 제 14대 전수자가 만든 호라이소바는 부드러운 면을 5층 칠기합에 담고 싱싱한 채소를 함께

니시진 라쿠이치라쿠좌 (모모야마 문화촌)
西陣楽市楽座 (桃山文化村)

- 시영버스 12, 9번 승차, 호리카와 테라노우치(堀川寺ノ内)에서 하차
- 묘렌지(妙蓮寺)
- 매월 12월, 9시~17시, 우천 시 중단

교토에서도 유럽같이 벼룩시장이 열린다. 니시진(西陣) 안에 위치한 묘렌지에서 열리는 벼룩시장에는 니시진오리 제품 외에도 젊은 숙련공들이 만든 일본 공예품, 구슬 액세서리, 일본 수제 잡화 등을 판매하며, 오사카(大阪), 효고현(兵庫県) 등지에서도 대략 80여 명의 예술가들이 이곳으로 모여 든다.

라쿠츄

식당

- 매월 21일 7시~16시 30분

교토역에서 도보로 5분 정도 거리에 있는 토지(東寺)에서는 매월 21일에 코보이치가 열린다. 이때 도자기, 서화, 고서와 불교와 관련된 그릇 등을 파는 수십 점의 노점들이 들어선다. 그중 1월 21일의 하츠코보이치(初弘法市)와 12월 21일의 시마이코보이치(終弘法市) 때에는 무려 1000점의 노점이 열려 각 지역의 골동품을 판매하는데, 그중 일본 미술품이 가장 많다. 만약 상품의 진품 여부와 작가의 명성 또는 연대보다 그저 순수한 호기심을 가지고 개인적으로 좋아하는 물건을 찾아보고자 한다면 코보이치는 감탄이 절로 나오는 곳이 될 것이다.

곁들인다. 면을 다 먹은 후 소바유(そば湯:소바를 삶은 국물)에 장을 넣으면 새로운 탕 음식이 되어 또 다른 맛을 즐길 수 있다.

이곳의 메밀 면은 모두 홋카이도산 메밀가루에 깨끗한 물로 직접 반죽하여 만든 것으로 신선하고 맛있어서 하루에 1,000인분이나 판매될 정도로 인기가 좋다. 메밀 면 외에, 메밀가루로 만든 메밀 화과자와 쿠키도 판매하며, 메밀 묵, 메밀 새알 팥죽 등도 색다른 맛을 선사한다.

쿠시쿠라
串KURA

- P68B1
- 지하철 토자이센(東西線), 지하철 카라스마센(烏丸線)이용, 카라스마오이케(烏丸御池)역에서 하차, 타카쿠라도리(高倉通り)방향으로 도보3분
- 교토시 나카교구 타카쿠라도리 오이케아가루 히이라기쵸(京都市中京区高倉通り御池上ル柊町584)
- (075)213-2211
- 11시30분~14시30분(14시까지 주문 가능, 토, 일요일과 국경일 점심은 휴업), 17시~22시30분(21시25분까지 주문 가능).
- 연중무휴
- 각 꼬치구이 개당 ¥160~¥300, 쿠시쿠라 꼬치구이 세트(串KURAコース) ¥3,500, 기타 여러 가지 요리 ¥400~¥789. 점심 예상 비용 1인당 약 ¥1,000부터, 저녁 예상 비용 1인당 약 ¥4~5,000, 카드 사용 가능
- www.fukunaga-tf.com/kushikura/index.html

쿠시쿠라는 100여 년의 역사를 가진 건물로, 12년 전 내부 수리를 하여 마치야 분위기의 꼬치구이집이 되었다. 마치야의 특색인 작은 마당(坪庭)에서는 석등롱 등 일본식 정원 조경을 감상할 수 있다.

쿠시쿠라는 이와테현(岩手県)과 사가현(佐賀県)의 닭을 주로 사용한다. 전자는 육질이 부드럽고, 후자는 입맛을 상쾌하게 한다. 양질의 천일염과 최고급 숯을 이용하여

츄카멘사케야 교토고교
中華麺酒家 京都五行

- P68B3
- 1.지하철 카라스마센(烏丸線) 시죠(四条)역에서 하차 2.한큐 교토센(阪急京都線) 카라스마(烏丸)역에서 하차, 야나기바바도리(柳馬場通り) 방향으로 도보8분. 니시키시장(錦市場) 방면에 위치
- 교토시 나카교구 야나기바바도리 타코야쿠시쵸사가루(京都市中京区柳馬場通り蛸薬師下る)
- (075)254-5567

아오 카페테리아 & 오스테리아
蒼Cafeteria & Osteria

- P68A2
- 지하철 토자이센(東西線), 지하철 카라스마센(烏丸線)이용, 카라스마오이케(烏丸御池)역에서 하차, 무로마치도리(室町通り) 방향으로 도보2분
- 교토시 나카교구 무로마치도리 산죠아가루(京都市中京区室町通り三条上ル)
- (075)221-7775
- 11시30분~16시(15시까지 주문 가능), 17시30분~22시(21시까지 주문 가능).
- 수요일, 매월 첫째 주 화요일 (토, 일요일에는 장소가 대여되기도 함)
- 점심 세트 ¥1,500~¥3,500, 저녁 예상 비용 약 ¥5,000부터, 저녁에는 카드 사용 가능
- www.kyotoism-ao.com

아오 카페테리아 & 오스테리아는

1,000도 이상의 고온에서 구운 닭고기에 후시미 사카구라(伏見酒蔵)가 특별히 빚은 청주가 곁들여진다.

구이 외에도 교토 특산의 채소와 과일을 곁들인 각종 요리들도 제공한다. 겨울에는 신선로 요리와 칸토다키(関東煮:나베요리의 한 종류)를 추천하고 싶다.

라쿠츄

식당

⏰ 11시30분~15시30분, 17시~24시 ([Bar KURA]의 영업시간은 19시~새벽 3시)
休 연중무휴
$ 하카타 모츠나베(博多もつ鍋) 2인분 ¥1,680, 코가시 미소라멘(焦がし味噌らーめん) ¥850, 고교 코로케(五行コロッケ) 1개 ¥380, 카드 사용 가능

교토고교는 돼지 뼈를 고아서 만든 라면(톤코츠라멘:豚骨らーめん)으로 이름을 날린 하카타잇푸도(博多一風堂)가 교토에 세운 주점이다.

점심시간에는 하카타잇푸도의 톤코츠라멘을 제공하고, 저녁 시간에는 여러 가지 신선로 요리와 술안주를 제공한다. 50여 종의 아와모리(쌀로 만든 술)와 소주를 위주로 하는 일본 술도 있다.

이곳에서 가장 인기가 많은 메뉴는 코가시 미소라멘이다. 맛이 깊고 미소의 독특한 향이 하카타 모츠나베와 잘 어울린다.

마치야를 개조하여 전체 공간을 개방식으로 설계했다. 넓은 앞마당과 중간 마당이 있고, 채광과 통풍이 좋다. 또 후나소코 천장(船底天井)과 베니가라 격자(紅殼格子) 등 진귀한 마치야 건축양식이 더해져, 건축디자이너와 실내디자이너들도 자주 와서 영감을 얻고 가는 곳이다.

일본식 다다미와 서양식 좌석이 모두 있어 원하는 곳에서 편하게 음식을 먹을 수 있다. 주로 이탈리아 요리를 취급하는데, 저녁에는 전통 이탈리아 음식을 제공하고, 점심에는 가마솥 밥, 스파게티, 생선 및 고기 위주의 메인메뉴에 탕과 음료수도 포함하는 세트메뉴를 특별한 가격으로 제공하고 있다.

통가라야
TONGARA 屋

- P69B4
- 1.한큐교토센(阪急京都線)카와라마치(河原町)역에서 하차 2.케이한혼센(京阪本線) 시죠(四条)역에서 하차 3.시영버스 승차, 시죠카와라마치(四条河原町)에서 하차 후 키야마치도리(木屋町通り)옆의 타카세가와(高瀬川)를 따라 도보, 아야코지바시(綾小路橋)를 건너 좌회전. 작은 골목에 위치
- 교토시 시모교구 카와라마치 니시키야도리 이치노쵸(京都市下京区河原町西木屋通り市の町248)
- (075)344-0308
- 17시~24시 (23시30분까지 주문가능)
- 부정기 휴업
- 저녁 예상 비용은 ¥3,000부터, 카드 사용 불가

작은 골목에 숨어있는 통가라야는 고추요리 전문점으로, 요리의 종류가 아주 다양하고 짙은 풍미가 입맛을 돋군다. 대중화된 맛에 가격도 저렴하게 ¥500부터 시작되어, 외국 관광객들에게 인기가 많다.

통가라야는 전통적인 마치야 건축물이지만, 항상 경쾌한 팝송이 흐른다. 실내 공간이 그리 크지 않고, 조금 낡아서, 오히려 서민적인 정서가 느껴진다.

코센도스미
光泉洞寿み

- P68B2
- 지하철 카라스마센(烏丸線), 지하철 토자이센(東西線)이용, 카라스마오이케(烏丸御池)역에서 하차, 사카이마치도리(堺町通り) 방향으로 도보6분
- 교토시 나카교구 아네노코지 사카이쵸히가시이루 니겐메미나미가와(京都市中京区姉小路堺町東入る2軒目南側)
- (075)241-7377
- 11시30분~16시(15시30분까지 주문가능)
- 일요일과 국경일
- 나마후 덴가쿠 정식(生麩田楽定食) ¥1,680, 각종 정식 ¥900부터, 카드 사용 불가
- www.wao.or.jp/user/suwa9448/

코센도스미의 건물은 전형적인 메이지시대의 마치야 풍경을 보여주고 있다. 여주인은 교토 출신의 평범한 가정주부로, 마치야 건축물을 아주 좋아해서 백여 년이 된 마치야를 개조해 가게 문을 열었다고 한다.

그리고 중국에도 아주 관심이 많아 일본 가정식 요리 외에, 뜨거운 물로 우려낸 후 꽃잎을 띄워 장식하는 상하이 소주차(上海蘇州茶)도 제공하고 있다. 특히, 여주인은 남동생과 같이 외국어 학원도 운영할 정도로 영어가 유창하여 세계 각국에서 손님들이 찾아온다.

텐키
天喜

- P8B2
- 시영버스 206, 46, 59, 101번 승차, 센본이마데가와(千本今出川)에서 하차
- 교토시 카미교구 센본도리 센본이마데가와아가루 니시가와 죠젠지쵸(京都市上京区千本通り千本今出川上ル西側上善寺町89)
- (075)461-4146
- 11시30분~20시
- 매월 둘째와 넷째 주 월요일 (국경일 정상 영업)
- 점심 튀김 세트 1인분 ¥3,150~¥8,400, 저녁 카이세키요리 ¥7,000부터(예약제), 카드 사용 가능

고급 튀김 전문점 텐키는 우아한 일식 건축 구조로 꽃과 나무가 무성한 정원이 있으며, 그 사이에 비단잉어 연못, 굽어진 돌다리가 있고, 꽃길 사이에는 다실이 숨어있다. 수려하고 그윽한 환경 때문에 교토의 거상들은 게이샤들과 같이 이곳에서 술과 음식을 즐기는 것을 가장 좋아한다. 또한 평상시에는 외국인의 방문도 많다. 할리우드의 감독 스티븐 스필버그도 이곳에 손님으로 온 적이 있다.

이곳은 1933년에 창업한 이래 70여년의 역사를 가지며, 튀김을 곁들인 교토 카이세키요리(懷石料理)가 시작된 곳이다.

라쿠츄
식당

산타마리아 티사네리아 쿄요
Santa Maria Tisaneria KYOYO

- P68B3
- 1.지하철 카라스마센(烏丸線) 시죠(四条)역에서 하차 2.한큐 교토센(阪急京都線) 카라스마(烏丸)역에서 하차, 히가시노토인도리(東洞院通) 방향으로 도보1분
- 교토시 나카교구 히가시노토인도리 니시키코지사가루자카히가시야쵸(京都市中京区東洞院通錦小路下ル阪東屋町657番地)
- (075)254-8692
- 11시~22시(21시까지 주문가능)
- 연중무휴
- 점심세트 ¥1,800~¥3,500, 저녁세트 ¥4,000부터, 카드 사용 가능

산타마리아 티사네리아(Santa Maria Tisaneria)는 피렌체에서 시작한 세계에서 가장 오래된 약국으로 천연 화초로 제조한 약제와 건강식품으로 유명하며, 교토에 첫 번째 분점을 열어, 전통적인 이탈리아 요리를 소개하고 있다. 피렌체의 벌꿀, 올리브유, 햄 등의 특산품과 교토 농가에서 직접 구입한 식재료를 이용한다.

서구 스타일의 개방식 주방, 마치야 건물로 개조한 천정으로 자연채광을 높였고, 일본풍의 도라지 삽화와 피렌체의 풍경이 새겨진 동판화가 어우러져 일본과 이탈리아의 분위기가 매우 조화롭게 연출되었다.

식당 옆의 약국에서는 피렌체에서 들여온 로션, 비누, 화초차, 교토 한정판매 향수도 판매하고 있다.

나다이 톤카츠 시죠히 가시노토인점

名代とんかつ四条東洞院店

- P68B3
- 1.지하철 카라스마센(烏丸線) 시죠(四条)역에서 하차 2.한큐교토센(阪急京都線) 카라스마(烏丸)역에서 하차, 히가시노토인도리(東洞院通り) 방향으로 도보1분
- 교토시 나카교구 히가시노토인도리 시죠아가루(京都市中京区東洞院通り四条上ル)
- (075)221-4191

카페 & 쿄사이비젠 타마키

Cafe & 京菜美膳 たま妓

- P68A1
- 지하철 카라스마센(烏丸線), 지하철 토자이센(東西線)이용, 카라스마오이케(烏丸御池)역에서 하차, 료가에쵸도리(両替町通) 방향으로 도보3분
- 교토시 나카교구 료가에마치도리 니죠사가루(京都市中京区両替町通り二条下ル)
- (075)213-4177
- 커피 타임 11시30분~16시(15시30분까지 주문 가능), 점심 11시30분~14시, 저녁 17시~22시(예약필수).
- 수요일
- 쇼 카도(松花堂) 도시락 ¥1,575부터, 쿄마치야코스(京町屋コース) ¥2,700(디저트, 커피 또는 차 포함), 켄사이코스(健菜コース) ¥4,200(디저트, 커피 또는 차 포함) 카드 사용 불가

타마키의 미백색 대문은 일본과 서양이 공존하고 있다. 신선한 화초를 심은 앞마당에는 노천카페가 자리하고 있고, 일본식 정원 옆에는 전통적인 다다미 좌석이 있다. 이곳에서는 이탈리아 스타일이 어

프렌치 오·모·야 니시키코지

Frencho·mo·ya 錦小路

- P69A3
- 1.한큐교토센(阪急京都線) 카와라쵸(河原町)역에서 하차 2.시영버스 승차, 시죠카와라쵸(四条河原町)에서 하차 후 니시키시장(錦市場) 내의 후야쵸도리(麩屋町通り) 방향으로 도보3분
- 교토시 나카교구 니시키코지도리 후야쵸아가루 우메야쵸(京都市中京区錦小路通り麩

- 11시~22시(21시30까지 주문 가능)
- 연중무휴
- 각종 돈가스 정식 ¥820부터, 나다이 돈가스 정식 ¥1,660, 카드 사용 가능
- www.fukunaga-tf.com/katsukura/

식당

라쿠츄

 나다이 톤카츠는 일식 돈가스 전문점으로 양이 적당하고 맛도 좋아 교토에서 1, 2위를 다투는 유명한 맛집이다.
 나다이 톤카츠는 야마가타현(山形県) 히라다목장(平田牧場)의 신선한 돼지고기를 사용한다. 특히 지방이 적은 부분을 골라 교토식 양념에 숙성시킨 후, 순식물성 기름으로 바삭바삭하게 튀겨서 연하고 깔끔하다. 그 위에 사이쿄미소(西京味噌:관서지방에서 만드는 일본식 된장)를 이용한 소스를 뿌리고, 교토식 츠케모노(漬物:절임채소)와 챠완무시(茶碗蒸し)를 곁들인다. 식사시간 때에는 붐벼서 자리 잡기가 쉽지 않다.

 우러진 카이세키요리를 제공하고, 모든 요리는 대두, 오곡 등의 건강식 재료를 사용한다.
 점심에만 한정판매하는 쇼카도 도시락은 이곳에서 가장 인기 있는 것으로, 보기에도 좋고, 건강에는 더욱 좋다. 예약을 해야만 맛볼 수 있는 켄사이코스는 제철 식재료를 사용하고, 건강에 좋은 오곡밥이 같이 나온다. 오후 시간에는 이곳에서 만든 마멀레이드와 꿀에 절인 콩 그리고 커피나 차를 가벼운 마음으로 즐길 수 있다.

屋町上ル梅屋町499)
- (075)221-7500
- 12시~15시30분(14시까지 주문 가능), 17시~22시30분(20시30분까지 주문 가능).
- 연중무휴
- 런치코스 ¥3,680, 디너코스 ¥5,250, 카드 사용 가능

 프렌치 오모야(French o・mo・ya)는 젓가락을 사용하는 프랑스 요리 전문점으로, 건물 자체에서 타이쇼시대 마치야의 농후한 분위기가 풍겨나온다. 내부에는 당시 상품을 보관하던 대형 창고도 있다.
 일본과 프랑스 요리의 장점을 모두 갖춘 요리는 니시키 시장에서 당일 구입한 신선한 식재에 주방장의 창의력이 가미되어 있다.
 1층에는 작은 도자기 갤러리가 있다. 이곳에서 사용하는 식기는 시가라키야키(信楽焼:일본의 오래된 도자기 종류 중의 하나)를 사용하여, 시가라키야키 특유의 순박한 멋이 느껴진다. 음식뿐만 아니라 그릇도 감상할 수 있는 즐거움이 있다.

칸도 야지키타

甘堂 弥次喜多

- P69B4
- 한큐교토센(阪急京都線) 카와라쵸(河原町)역에서 도보3분
- 교토시 시모교구 시죠가와라마치사가루 산스지메히가시이루키타(京都市下京区四条河原町下ル三筋目東入ル北)
- (075)351-0708
- 12시~19시30분
- 화요일(국경일인 경우 익일)
- 시로타마 우지킨토키(白玉宇治金時) ¥840, 맛차아이스크림 안미츠(抹茶アイスクリームあんみつ) ¥740, 카드 사용 불가

칸도 야지키타는 교토인들과 함께 성장한 곳으로, 50여 년의 역사를 가지고 있다. 1대에서 4대까지 [천천히 만들어야 정교한 작품이 나온다]는 신념을 변함없이 지켜오고 있다. 새알과 금방 만든 달콤한 팥소의 맛은 수십 년이 지났어도 변하지 않았다.

한 그릇 가득 담은 과일, 팥, 꽁꽁 언 맛차 아이스크림과 안미츠는 반드시 먹어봐야 한다. 그 외에 곱게 간 얼음 위에 진한 녹색의 우지맛차를 뿌리고 밑에는 킨토키(金時)라고 하는 팥소가 감추어진 시로타마 우지킨도키를 추천한다. 한겨울에도 많은 사람들이 이곳을 찾아 어릴 적 향수를 달래고 있다.

무카데야

百足屋

- P68A3
- 지하철 카라스마센(烏丸線) 시죠(四条)역에서 도보4분
- 교토시 나카교구 신마치도리니시키코지아가루 무카테야쵸(京都市中京区新町通錦小路上ル百足屋町381)
- (075)256-7039
- 11시~14시, 17시~21시
- 수요일
- 무카데야 도시락 ¥3,150, 오반자이나베(おばんざい鍋)

¥5,250부터, 무카데야고젠(百足屋御膳) ¥3,150, 카드 사용 불가

무카데야의 요리는 몸에 좋은 콩비지에 신선한 야채, 푹 끓인 호박과 흰 무, 검은콩 등을 넣고, 카이세키 요리의 느낌으로 정갈함과 아름다움을 더욱 돋보이게 하였다.

백여 년의 역사를 가진 마치야 건물에는 아직까지 쿠라(蔵)라고 부르는 창고가 있으며, 하코카이단(箱階段:계단 아래쪽에 수납공간이 있는 계단) 등이 있다.

산큐엔
三丘園

- P68A4
- 지하철 카라스마센(烏丸線), 한큐교토센(阪急京都線)이용, 시죠(四条)역에서 하차, 아야노코지도리(綾小路通)와 신마치도리(新町通)의 교차로 방향으로 도보3분
- 교토시 시모교구 아야노코지도리 신마치니시이루 야다쵸(京都市下京区綾小路通新町西入ル矢田町123)
- (075)351-3361
- 11시~18시
- 연중무휴
- 맛차 푸딩(抹茶プリン)과 센차(煎茶) ¥1,200, 카드 사용 불가
- www.sankyuen.jp

산큐엔은 우지차(宇治茶)를 파는 오래된 차 전문점이다. 교토 아야노코지에 있는 분점의 가옥은 100년이 넘은 곳으로, 문 앞의 상점, 마당, 내실에서 창고까지 모두 일직선으로 되어있다. 입구의 격자창은 천연 색지를 붙여 마치 모자이크 도안처럼 아름답다.

우지차를 판매하는 것 외에, 산큐엔에서는 마당 안에 있는 대나무와 돌의 아름다운 내실을 감상할 수 있다. 그리고 고급 우지차로 만든 맛차 푸딩도 먹을 수 있고, 센차(煎茶: 전차, 엽차를 더운물에 우린 것)와 간단한 다과도 같이 나온다.

라쿠츄

식당

세이엔
栖園

- P68B2
- 1.지하철 카라스마센(烏丸線) 시죠(四条)역에서 하차 2.한큐교토센(阪急京都線) 카라스마(烏丸)역에서 사카이마치도리(堺町通) 방향으로 도보8분
- 교토시 나카교구 록카쿠도리 타카구라히가시이루(京都市中京区六角通高倉東入ル)
- (075)221-3311
- 10시~18시
- 수요일(국경일 영업함)

- 와라비모치(わらび餅) ¥570, 탄바다이나곤젠자이(大粒丹波大納言ぜんざい) ¥780, 카드 사용 가능

세이엔은 오래된 화과자 전문점으로 공장도 함께 운영하고 있다. 건축물의 역사도 140여 년이 넘었다. 일반적인 상업용 마치야와 마찬가지로 앞에는 점포가 있고, 점포 옆을 개조하여 서양식 식탁과 의자를 두어 차를 마실 수 있게 했다.

이곳의 인기메뉴로는 시원하며 맛있고, 느끼하지 않은 와라비모치와 겨울철 탄바산 붉은팥을 사용해서 만든 탄바다이나곤이 있다.

네스트
NEST

- P69A2
- 지하철 토자이센(東西線) 교토시야쿠쇼마에(京都市役所前)역에서 토미코지도리(富小路通) 방향으로 도보5분
- 교토시 나카교구 토미코지도리 오이케사가루 마츠시타쵸(京都市中京区富小路通御池下ル松下町130)
- (075)212-0417
- 커피숍 11시~19시; Bar 19시~22시(토, 일요일~23시)

세컨드 하우스 히가시 노토인 점
SECOND HOUSE 東洞院店

- P68B2
- 교토(京都)역에서 시영버스 5, 17, 205, 고속 205번 승차, 시죠카와라마치(四条河原町)에서 하차
- 교토시 나카교구 히가시노토인 록카쿠사가루 미사야마쵸(京都市中京区東洞院六角下ル御射山町282)
- (075)241-2323

고후쿠야(吳服屋:일본 옷감을 파는 상점)를 개조한 곳으로 1층에는 수제 케이크를 파는 카페, 2층은 스파게티를 파는 레스토랑이다. 직장 여성을 주 고객층으로 하여 우아하고 편안한 분위기이다.

고쿠라멘
悟空ラーメン

- P70B1
- 교토(京都)역에서 시영버스 5, 17, 205, 고속 205번 승차, 시죠카와라마치(四条河原町)에서 하차
- 교토시 나카교구 키야마치도리 산죠사가루 이시야쵸(京都市中京区木屋町通三条下ル石屋町119)
- (075)211-0330
- 24시간 영업
- 연중무휴
- 라면 ¥600부터

休 부정기 휴업
$ 두유 와라비모치(豆乳わらび餅) ¥525, 맛차 우유(抹茶ミルク) ¥525, 카드 사용 가능
🌐 www.nest-collection.com

'둥지'라는 뜻의 네스트는 매우 특별한 마치야 스타일의 애완동물 카페로 사람들은 이곳에서 자신의 애완견과 편안한 시간을 보낼 수 있다.

백년이 넘는 오래된 마치야 건물은 복고풍의 카페로 변했고, 지금은 퍼그 강아지 세 마리의 천국이 되었다. 하얀 강아지 Cyoberi, 검은색 털의 Bon과 가장 어린 Syusyu. 세 마리 모두 개성이 뚜렷하다. Cyoberi는 토스트의 가장자리를 좋아하고, 가장 싫어하는 것은 안경 쓴 아저씨, 포악한 Bon은 맥주마시는 것을 좋아하고, 자기와 같은 검은색 털의 개를 싫어한다. Syusyu는 인형을 가지고 놀기 좋아하고, 선풍기를 제일 무서워한다.

네스트는 커피와 차를 제공하는 것 외에도 전문적으로 개들의 간식을 만들어 주고, 소형 강아지 옷, 개목걸이 등 관련제품을 판매한다. 아름다운 게이샤들도 이곳에 와서 강아지들과 노는 것을 즐긴다.

라쿠츄

식당

폰토쵸 캇파즈시
先斗町かっぱ寿司

📍 P70B2
🚌 교토(京都)역에서 시영버스 5, 17, 205, 고속 205번 승차, 시죠카와라마치(四条河原町)에서 하차
🏠 교토시 나카교구 폰토쵸 시죠아가루(京都市中京区先斗町四条上ル)
📞 (075)213-4777
🕐 17시~24시 (23시30분까지 주문 가능)
$ 여러 가지 생선초밥 ¥60~630
🌐 www.suishin.co.jp/kappa

폰토쵸 캇파즈시는 다른 지점처럼 회전식 초밥이 아닌 주방장이 그 자리에서 직접 만들어주는 고급 생선초밥이다. 그렇지만 다른 지점과 같이 저렴한 가격을 그대로 유지하기 때문에 매우 인기가 좋다.

키야마치도리의 끝에 위치하고 있으며, 영업시간은 24시간이다. 이곳의 라면은 국물이 진하면서도 시원하다. 삶은 계란, 절인 무와 한국 김치도 무료로 무제한 제공하기 때문에 손님들이 끊이질 않는다.

콘나몬쟈
こんなもんじゃ

- P71
- 1.교토(京都)역에서 시영버스 5번 승차, 시죠타카쿠라(四条高倉)에서 하차 2.교토(京都)역에서 시영버스 5, 17, 205, 고속 205번 승차, 시죠카와라마치(四条河原町)에서 하차 후 도보6분
- 교토시 나카교구 니시키코지도리 사카이마치 나카우오야쵸(京都市中京区錦小路通堺町中魚屋町494)
- (075)255-3231
- 10시~17시
- 연중무휴
- 두유 도넛 10개 ¥200, 두유 아이스크림 ¥200

즉석에서 튀겨주는 두유로 만든 미니 도넛과 두유 아이스크림이 매우 인기 있다. 어떤 때는 길게 줄지어 서있기도 한다.

마스고본점
桝悟本店

- P71
- 1.교토(京都)역에서 시영버스 5번 승차, 시죠타카쿠라(四条高倉)에서 하차 2.교토역에서 시영버스 5, 17, 205, 고속 205번 승차, 시죠카와라마치(四条河原町)에서 하차 후 도보6분
- 교토시 나카교구 니시키코지도리 야나기바바히가시이루 히가시우오야쵸(京都市中京区錦小路通柳馬場東入ル東魚屋町178-2)

유바키치
湯波吉

- P71
- 1.교토(京都)역에서 시영버스 5번 승차, 시죠타카쿠라(四条高倉)에서 하차 2.교토 역에서 시 승차, 시죠카와라마치(四条河原町)에서 하차 후 도보 6분
- 교토시 나카교구 니시키코지 고

츠루야요시노부
鶴屋吉信

- 1.시영버스 101, 9, 12번 승차, 호리카와이마데가와(堀川今出川)에서 하차 후 도보1분 2.지하철 카라스마센(烏丸線) 이마데가와(今出川)역에서 좌측방향으로 도보10분
- 교토시 카미교구 이마데가와도리 호리가와니시이루(京都市上京区今出川通堀川西入ル)
- (075)441-0105
- 월요일에서 토요일까지 9시~18시(카유챠야-菓遊茶屋: 9시30분~17시30분), 일요일, 공휴일 9시~17시(카유챠야-菓遊茶屋: 9시30분~16시30분).
- 1월1일(카유챠야-菓遊茶屋: 수요일)
- 카유챠야, 화과자와 맛차 1인분 ¥800
- www.turuya.co.jp

츠루야요시노부 이층의 카유차야(菓遊茶屋)에서는 숙련된 화과자 장인이 직접 화과자를 만들어 준다.

교토 탐구 - 화과자 和菓子

화과자가 빛을 발하기 시작한 것은 16세기 말 다도(茶道)가 번성한 후이다. 다과 모임을 열 때, 먼저 달콤한 화과자를 내놓은 다음에 진하고 쓴 맛차를 내놓는다. 카이세키 요리(懷石料理:차를 대접하기 위해 내는 요리), 엔세키 요리(会席料理: 연회요리) 등 각종 연회의 마지막은 늘 화과자와 차로 마무리 한다. 이렇게 해서 각종 형태의 화과자가 점점 발전하기 시작하였는데, 가장 감탄할 만한 것은 화과자로 계절을 표현하는 것이다. 봄에는 벚꽃, 가을에는 단풍, 심지어 칠월칠석 또는 신년까지도 모두 표현할 수 있다.

에도시대(17, 18세기)는 화과자의 전성기로, 「구비」, 「양갱」, 「만두」, 「병」, 「전병」 등으로 다양하게 발전했으며, 교토의 화과자는 그 종류와 맛에 있어 최고를 자랑한다. 특별히 교토의 화과자는 쿄가시(京菓子)라고 불리며, 오늘날에도 교토에서는 백년이 넘은 화과자 전문점들을 많이 볼 수 있다.

라쿠츄 / 식당

- ☎ (075)211-5346
- ⊙ 9시~18시
- 休 연중무휴

교토 특산 츠케모노 센마이즈케(千枚漬)부터 야채를 된장에 절인 나라즈케(奈良漬)까지, 진열대의 나무 통속에 담긴 각종 츠케모노의 향이 코를 자극한다.

- 코마치니시이루(京都市中京区錦小路御幸町西入ル)
- ☎ (075)221-1372
- ⊙ 9시~18시
- 休 매주 일요일과 매월 넷째 주 수요일

교토는 유도후(湯豆腐)로 유명한데, 유바(湯葉)는 두부를 만들기 전 생성되는 것으로 두유의 표면에 응고되는 얇은 막이다.

유바키치는 이 유바 요리로 백년이 넘은 오래된 곳이다.

타와라야 요시토미
俵屋吉富

- 🚇 지하철 카라스마센(烏丸線) 이마데가와(今出川)역에서 도보5분
- 🏠 교토시 카미교구 카라스마도리 카미다치우리쵸아가루(京都市上京区烏丸通上立売上ル)
- ☎ (075)432-3101
- ⊙ 9시~19시
- 休 수요일
- 🌐 www.kyogashi.co.jp

타와라야 요시토미는 100년의 역사를 가진 화과자 전문점으로, 부설인 화과자 자료관에는 진귀한 화과자 요리책이 많이 보관되어 있다. 모든 페이지에 천연색의 화과자 도안이 그려져 있고, 사용되는 재료, 염색 등에 대해 자세하게 설명되어 있다.

쿄료리 니시무라

京料理にしむら

- P8B2
- 지하철 카라스마센(烏丸線), 지하철 토자이센(東西線)이용, 카라스마오이케(烏丸御池)역에서 하차, 도보5분
- 교토시 나카교구 록카쿠도리 히가시노토인히가시이루(京都市中京区六角通東洞院東入ル)
- (075)241-0070
- 11시30분~14시, 17시~21시30
- 점심 카이세키요리는 예약하지 않아도 되지만, 저녁은 예약필수. 점심 세트 ¥2,500, 점심 카이세키요리 ¥6,300부터, 저녁 카이세키요리 ¥8,400부터.
- www.ryoankazuki.co.jp/nishimura

번화한 카와라마치에 위치해 있지만 문을 열고 들어가면 의외로 조용하고 우아한 일본풍의 공간이 계절의 분위기를 자아내고 있다. 전체적으로 아름다울 뿐만 아니라 음식도 일품이다.

카미시치켄 비어가든

上七軒ビアガーデン

- P68B2
- 시영버스 101, 102, 203, 8, 10, 50번 승차, 키타노텐만구(北野天満宮)에서 하차 후 도보3분
- 키타노텐만구(北野天満宮) 방향의 카미시치겐카부렌죠(上七軒歌舞練場)
- 7월1일 ~ 8월31일(8월14, 15, 16일은 쉼) 18시~22시, 사전 예약 자리 외에, 당시 자리가 있을 시 언제든지 가능, 금, 토요일 등 휴가 때를 피하면 비교적 자리가 있는 편이다.
- 입장 기본 음료수 한 잔과 간단한 음식 ¥1,800, 모든 음료수와 간단한 음식을 추가 할 때 ¥900, 간단한 음식에는 돼지고기 야채만두, 찐 새우만두, 소면, 닭고기 등이 있다.

매년 7월에서 8월 말까지의 여름, 교토의 유흥가 중 한 곳인 카미시치켄에서 특별히 카부렌죠 앞마당을 개방하여 비어가든을 개최한다. 이곳에서는 맥주, 음료수, 각종 술안주를 제공하고, 매일 5명의 마이코와 게이샤들이 여름 유카타를 입고 여행객들과 함께 담소를 나눈다.

H 숙박

이오리
庵

- P68A2
- 임대 마치야 5채가 지하철 카라스마센(烏丸線) 카라스마오이케(烏丸御池)와 시죠카라스마(四条烏丸) 부근에 분포되어 있다.
- 교토시 시모교구 토미코지도리 타카츠지아가루 스지야쵸(京都市下京区富小路通高辻上ル筋屋町144-6)
- (075)352-0211 (075)352-0213
- 이시후도노쵸(石不動之町) 전체 대여 ￥35,000/1일 (이용인수 2인), 에비스야쵸(恵美須屋町) 전체 대여 ￥40,000/1일(이용인수 4인), 니시록카쿠쵸(西六角町) 전체 대여 ￥70,000/1일(이용인수 4인), 니시오시코지쵸(西押小路町) 전체 대여 ￥100,000/1일(이용인수 10인), 스지야쵸(筋屋町) 전체 대여 ￥120,000/1일(이용인수 9인). #아침 식사는 제공하지 않음.
- www.kyoto-machiya.com (홈페이지에서 예약 가능)

　이오리는 현대의 실내 인테리어 미학개념으로 전통 마치야 건물을 숙박시설로 개조한 곳이다. 디자이너 Alex Kerr는 서방, 중국, 동남아와 일본 전통의 미를 매우 훌륭하게 융합시켜 표현하였다. 마치야를 임대하는 것 외에, 다도, 노(能:일본전통극예술), 무사도 등 전통문화 체험도 할 수 있다. 현재 크고 작은 다섯 채의 마치야에서 숙박을 제공하며, 각 채에 묵을 수 있는 인원은 정해져 있다.

누노야
布屋

- 시영버스 50, 101, 9, 12번 승차, 호리카와마루타쵸(堀川丸太町)에서 하차 후 아부라노코지(油小路) 방향으로 도보5분
- 교토시 카미교구 아부라코지 마루타마치아가루 코메야쵸(京都市上京区油小路丸太町上る米屋町281)
- (075)211-8109 (075)211-8109 10시30분~17시
- 아침 포함 하루 숙박(1박과 아침식사) ￥6,825
- www.nunoya.net (-에서 예약 가능)
- 주의 : 23시까지 개방, 전관 금연

　단독주택인 누노야는 메이지시대의 마치야 건축물이다. 1층은 서양식 테이블과 의자를 둔 커피숍으로, 커피와 케이크를 판매하며, 점심에는 카레덮밥을 제공한다. 2층에는 두 개의 숙박용 침실이 있는데, 두 방 사이의 미닫이문을 열면 9명은 묵을 수 있다.

　누노야의 아침은 전통 나베(鍋)에 지은 밥과 교토의 가정식 반찬이 곁들여진다. 음식을 담은 그릇 또한 골동품이다. 전체적으로 따뜻하고 쾌적한 기분을 느낄 수 있다.

라쿠호쿠(洛北)
RAKUHOKU

라쿠호쿠

洛北 RAKUHOKU

라쿠호쿠 지역은 다른 지역 보다 산수가 수려하며, 무성한 산림 속에 고즈넉한 모습으로 숨어있다. 특히 키부네 일대는 지대가 높고 계곡이 있어 피서지로 좋은 곳인데, 계곡의 평상에는 뗏목을 놓아 여행객들이 시원한 계곡 위에 앉아 맛있는 음식을 즐길 수 있도록 했다. 오하라(大原)지역은 맑고 시원한 기후, 가을이면 온 산을 붉게 물들이는 단풍 등, 보기 드문 전원의 정취를 가지고 있다. 산젠인(三千院), 쟈코인(寂光院)등 단풍으로 유명한 절뿐만 아니라 온천민박도 있어 교토에서 가장 가까운 휴양지로 꼽힌다.

오하라

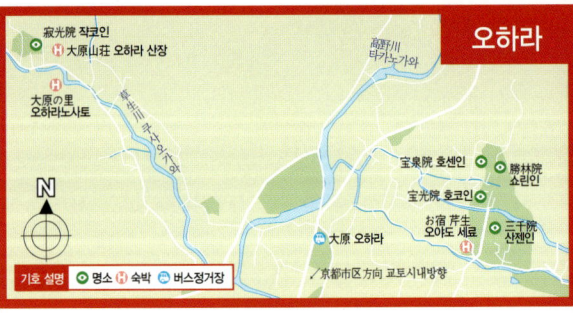

히에이잔

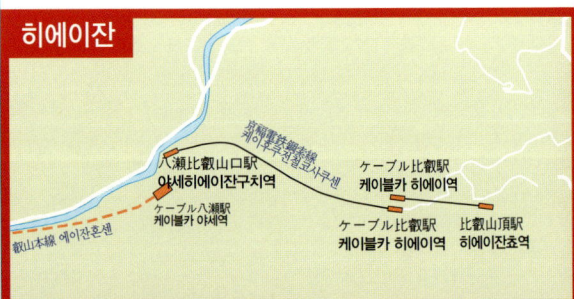

108

교통정보

◎ 교토역에서 각 명소로 가는 시영버스가 있다.
◎ 만약 오하라(大原)로 가려면 교토역에서 교토 시영버스(16, 17, 18, 19, 20번)를 이용한다. 교통비 ￥580

라쿠호쿠

쿠라마, 키부네

A
- ひろ文 히로분
- 貴船神社 키부네신사
- 貴船ひろや 키부네히로야
- 貴船の川床 키부네카와도코
- 貴船 키부네
- 梅宮橋 우메미야바시
- 貴船川 키부네가와

B
- 鞍馬山 쿠라마야마
- くらま温泉 峰麓湯 쿠라마온천 호로쿠유
- 鞍馬寺 쿠라마데라
- くらま温泉 쿠라마온천
- 多宝塔 타호토
- 鞍馬ロープウェー 쿠라마로프웨이
- 由岐神社 유키신사
- 山門 산문
- 鞍馬駅 쿠라마역
- 鞍馬 쿠라마
- 叡山鞍馬線 에이잔쿠라마선
- 貴船口駅 키부네구치역
- 宝ヶ池駅方向入 타카라가이케방향

기호 설명: 버스정거장 · 온천 · 명소 · 식당 · 숙박 · 철로

- 延暦寺 엔랴쿠지
- ケーブル比叡山駅 케이블카 히에이잔역
- ケーブル延暦寺駅 케이블카 엔랴쿠지

기호 설명: 명소

명소

시센도
詩仙堂 Shisendou
- P9C2
- 교토(京都)역, 한큐카와라마치(阪急河原町) 케이한산죠(京阪三条)역에서 시영버스 5번 승차, 이치죠지사가리마츠쵸(一乗寺下り松町)에서 하차 후 도보7분
- 교토시 사쿄구 이치죠지몬구치쵸(京都市左京区一乗寺門口町27番地)
- (075)781-2954

- 9시~16시45분
- 5월 23일
- 입장료 ¥500

시센도의 정원은 5월 하순에 철쭉꽃이 필 때와 가을에 단풍이 물들 때 가장 아름다운 풍경을 자랑한다. 일본의 유명한 화가 카노 탄유(狩野探幽)가 그린 중국 한, 진, 당, 송조의 시인 소무, 도연명, 한유, 유종원, 두보, 이백 등 36명의 초상화를 소장하고 있어 시센도라는 이름을 얻었으며, 시적인 정취가 물씬 풍기는 곳이다.

앞 정원에는 철쭉꽃과 동백꽃 등의 고목이 심어져 있고, 2단식 정원에는 갖가지의 아름다운 꽃과 푸른 대나무가 심어져 있어 햑카노(百花塢·백가지 꽃밭)라는 이름이 지어졌다.

카미가모신사

上賀茂神社 Kamigamojinja

- P9C2
- 교토(京都)역에서 시영버스 9, 고속 9번 승차, 카미가모이소노바시(上賀茂御薗橋)에서 하차 후 도보5분
- 교토시 키타구 카미가모혼야마(京都市北区上賀茂本山339)
- (075)781-0011
- 경내 자유 참배
- 연중개방
- 무료 관람

카미가모신사는 카모가와의 상류에 있는 교토에서 가장 오래된 신사이다. 주홍색으로 칠한 벽, 노송나무피로 이은 지붕은 장중하고 아름다우며, 헤이안시대의 귀족적인 분위기가 흐른다.

이곳은 헤이안 시대의 음양사였던 카모 가문의 신사로 카모타케츠누미노미코토(賀茂建角身命:일본 신화에 나오는 신)를 숭배한다. 음양사는 천문, 풍수, 점술 등을 책임졌으며, 카미가모신사의 위치는 풍수적으로 헤이안의 수도를 지키는 중요한 곳이라고 한다.

이치노토리이(一ノ鳥居)에서 신사 경내로 들어가면 먼저 넓은 평지가 눈에 들어온다. 봄이 되면 참배길 양쪽에는 벚꽃이 흐드러지게 핀다. 매년 5월 5일에는 헤이안 왕조의 복장을 한 귀족들이 말을 타는 것을 재현한 승마대회가 성대하게 열린다.

누각 앞에는 작은 다리가 있다. 일반인들은 건널 수 없고, 옆길로 돌아가야 한다. 본전과 권전은 시모가모신사(下鴨神社)와 구조가 같으며, 노송나무피로 이은 지붕과 아름다운 기둥이 그 특징이다.

타테스나 立砂

참배 길을 따라 니노토리이(二ノ鳥居)로 들어가면, 무전 앞에 두 개의 원뿔 형태의 모래더미인 타테스나가 보이는데, 음양의 두 신산(神山)을 대표하는 것으로 음양학에서는 악귀를 쫓아내는 효능이 있다고 한다.

만슈인

曼殊院 Manshuin

- P9D2
- 교토(京都)역, 한큐가와라마치(阪急河原町)역, 케이한산죠(京阪三条)역에서 시영버스 5번 승차, 슈가쿠인미치(修学院道)에서 하차 후 도보15분
- 교토시 사쿄구 이치죠지다케노우치쵸(京都市左京区一乗寺竹ノ内町42)
- (075)781-5010

만슈인의 카레산스이정원(枯山水庭園)은 불교 선종의 분위기에 왕조의 기품이 더해져, 일본의 정원 건축물 중 상당히 높은 평가를 받고 있다.

모래가 깔려있는 작은 폭포 앞의 수석들은 학섬과 거북이섬이라 불리는데 흐르는 물에 떠가는 배라는

주제를 더욱 풍부하게 표현해준다. 학섬에는 두 마리의 학이 서 있고, 그 뒤에 있는 노송의 니이는 4백년이 되었다. 소나무 아래 특별한 조형인 등롱(燈籠)은 만슈인 등롱이라고 불리며 우아한 운치를 뽐내고 있다. 거북이섬은 이끼 위에 있는 큰 소나무를 거북이 모양으로 손질하여 얻어진 이름이다.

대서원에서 보이는 안개 섬에는 철쭉꽃이 있어, 5월 초순 꽃이 필 시기가 되면 정원을 화려하게 장식한다.

코에츠지
光悦寺 Kouetsuji

- P8B2
- 지하철 카라스마센(烏丸線)이용, 키타오지(北大路)역에서 시영버스 1번으로 환승 후 타카미네켄코안마에(鷹峰源光庵前)에서 하차, 도보3분
- 교토시 키타구 타카가미네코

슈가쿠인리큐
修学院離宮 Shugakuinrikyu

- P9D2
- 교토(京都)역, 한큐가와라마치(阪急河原町)역, 케이한산죠(三条)역에서 시영버스 5번 승차, 슈가쿠인미치(修学院道)에서 하차 후 도보 10분
- 교토시 사쿄구 슈가쿠인야부소에(京都市左京区修学院藪添)
- (075)781-5203
- 사전에 일본 궁내청 교토 사무실에 반드시 참관 신청
- 주의 : 신청할 때는 여권을 지참해야 한다. 궁내청 교토 사무실은 교토어원 앞 어문 남쪽, 또는 인터넷으로도 신청가능하다. sankan.kunaicho.go.jp

슈가쿠인리큐는 도쿠가와 막부가 퇴위하는 고미즈노오천황(後水尾天皇)을 위해 만든 행궁으로 면적이 54만 평방미터에 달하며 리큐(離宮), 다실, 신사와 세 곳의 정원으로 이루어져 있다.

이곳의 정원은 오차야(御茶屋)라

겐코안
源光庵 Genkouan

- P8B2
- 지하철 카라스마센(烏丸線)이용, 키타오지(北大路)역에서 시영버스 1번으로 환승 후 타카가미네겐코안마에(鷹峰源光庵前)에서 하차, 도보5분
- 교토시 키타구 타카가미네쵸(京都市北区鷹峯北鷹峯町47)

다이토쿠지
大徳寺 Daitokuji

- P8B2
- 교토(京都)역에서 시영버스 205, 206번 승차, 다이토쿠지마에(大徳寺前)에서 하차
- 교토시 키타구 무라사키노다이토쿠지(京都市北区紫野大徳寺町53)
- (075)491-0019
- 9시~16시30분
- 연중개방
- 무료 관람

다이토쿠지의 최초 건물은 화재로 소실되었고, 15세기에 잇큐화상(一休和尚)이 임제종에서 파견되어 이곳으로 와서 재건을 하고 총본산이 되었다.

이 절에는 국보가 많다. 하지만

에츠쵸(京都市北区鷹峯光悦町29)
- ☎ (075)491-1399
- 🕗 8시30분~17시
- ❌ 11월 10~13일
- 💲 입장료 ¥300

1615년, 도쿠가와 이에야스(德川家康)가 타카가미네코에츠쵸 일대를 예술가 혼아미 코에츠에게 하사하였다. 혼아미 코에츠는 코에츠지를 중심으로 가족과 더불어 각 분야의 공예 장인들을 이끌고 와서 타카가미네에 정착하여 공예마을을 형성하였다.

혼아미 코에츠는 에도초기의 저명한 문인으로 칼을 감정하고, 연마하는 데 능숙했고, 그림, 도예, 서도와 조경에도 조예가 있었으며, 특히 다도에 정통하여 일본 다도에도 영향을 미쳤다.

라쿠호쿠

👁 명소

고 불리며, 그중에 카미노오차야(上御茶屋)는 전형적인 치쿠잔(筑山)식 정원이다. 치쿠잔이란 모래언덕을 산으로 보고 하천과 호수의 흐르는 물과 연못을 적절하게 배치해서 하나의 산수화를 그린 듯한 조경을 말한다. 카미오차야 안에는 지평면이 149미터에 달하는 요쿠류치(浴龍池)가 있는데, 매년 가을이 되면 요쿠류치 주위에 심어 놓은 단풍이 붉게 물들어 더욱 돋보인다. 시모노오차야(下御茶屋)의 땅은 지형이 가장 낮아 치센칸쇼시키(池泉觀賞式:실내에서 창문을 열었을 때 한 폭의 그림을 보는 듯하게 꾸며놓는 방식)정원으로 쥬게츠칸서원(寿月觀書院)을 중심으로 소나무들이 심어져 있다.

- ☎ (075)492-1858
- 🕗 9시~17시
- 🌐 연중개방
- 💲 입장료 ¥300

650여년의 역사를 지닌 겐코안은 원래 임제종의 대승이 창립하였는데, 17세기 때 조동종의 대승이 주지를 맡게 되면서 조동종의 명찰이 되었다.

본당에 있는 부채모양의 큰 창 두 개는 각각 선종의 의미를 표현하였다. 둥근 모양의 깨달음의 창[사토리노마도(悟りの窓)]은 선(禪)과 엔츠(円通:에도시대의 유명한 스님)를 표현한 것이고 사각형의 망설임의 창[마요이노마도(迷いの窓)]은 사람의 생로병사와 번뇌 등을 표현하고 있다.

일반인들에게 공개되는 것은 네 곳의 참선원과 정원뿐이다. 그중 대선원(大仙院)의 정원은 무로마치시대의 카레산스이(枯山水)의 진수이다. 즈이호인(瑞峰院)은 선종호죠 건축양식의 특징을 나타낸다. 료겐인(龍源院)은 이곳의 국보 중 가장 유명한 곳이고, 마치 물방울이 소용돌이치는 것 같은 츠보니와(坪庭)는 교토에서 유명한 돌 정원 중의 하나이다.

키부네신사
貴船神社 Kibunejinja

P109A1

교토(京都)역에서 시영버스 17번 승차, 데마치야나기에키마에(出町柳駅前)에서 에이잔전철(叡山電鉄)로 환승, 키부네구치(貴船口)역에서 교토버스 33번재 환승 후 키부네(貴船)에서 하차(교토버스 33번은 춘분부터 11월 말까지와 설날 및 행사시만 운행)

교토시 사쿄구 쿠라마키부네쵸(京都市左京区鞍馬貴船町180)

(075)741-2016

엔랴쿠지
延暦寺 Enryakuji

P109

교토(京都)역에서 한큐버스(阪急バス) 57번 승차, 엔랴쿠버스센타(延暦バスセンター)에서 하차 후 도보5분

시가현 오츠시 사카모토혼마치(滋賀県大津市坂本本町4220)

(075)578-0001

8시30분~16시30분, 12월~2월은 9시~16시(세이토(西塔), 요카와(横川)는 16시까지, 12월~2월은 15시30분까지)

연중개방

대인 입장료 ¥550, 중·고생 ¥350, 초등학생이하는 무료

엔랴쿠지는 히에이잔(比叡山) 정상, 교토의 북쪽에 위치한 천태종의 대본산이다.

히에이잔의 건축구역은 크게 토토(東塔), 세이토(西塔), 요코카와(横川)의 세 지역으로 나눌 수 있고, 이 세 지역을 산토(三塔)라고 부른다. 토토는 엔랴쿠지가 시작된 중심지역으로, 콘폰츄도(根本中堂), 다이코도(大講堂), 아미타도(阿弥陀堂)와 카이단인(戒壇院)이 이곳

쿠라마데라
鞍馬寺 Kuramadera

P109B2

교토(京都)역에서 시영버스 17번 승차, 데마치야나기에키마에(出町柳駅前)에서 에이잔전철(叡山電鉄)로 환승 후 쿠라마(鞍馬)역에서 하차, 도보3분

교토시 사쿄구 쿠라마혼마치(京都市左京区鞍馬本町1074)

(075)741-2003

9시~16시30분(영보전은 16시까지)

레호덴(霊宝殿)은 겨울철 매주 월요일

입장료 ¥200, 레호덴 입장료 ¥200

쿠라마데라의 대문 앞에 있는 긴 돌계단 참배 길에는 봄이면 벚꽃이 피고, 가을에는 겹겹이 쌓인 단풍이 나타난다.

본전 내의 레호덴은 많은 불교 미

키부네의 카와도코 川床

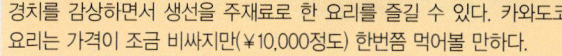

벚꽃과 단풍을 감상하는 것 말고도 키부네신사 부근에는 가볼 만한 찻집과 음식점이 많다. 그중에서도 가장 사람들의 관심을 끄는 것은 여름의 카와도코 요리일 것이다.

매년 여름, 강변에 자리를 깔고 경치를 감상하면서 생선을 주재료로 한 요리를 즐길 수 있다. 카와도코 요리는 가격이 조금 비싸지만(￥10,000정도) 한번쯤 먹어볼 만하다.

히로분(ひろ文)이라는 식당의 나가시소멘(流しそうめん)도 관광객들에게 상당히 인기가 있다.

- 6시~20시
- 연중개방
- 무료 관람

키부네신사에서 가장 유명한 붉은 토리이와 참배 길 양쪽에 주홍색의 등롱의 경치는 일품이다.

이곳은 타카오카미노카미(高龗神)라는 물의 신을 신봉하는데, 매년 7월 7일 이곳에서 키부네미즈마츠리(貴船水祭)가 열리면 주조업, 요리점, 화과자점 등 물과 관계된 일에 종사하는 사람들이 찾아와 참배한다.

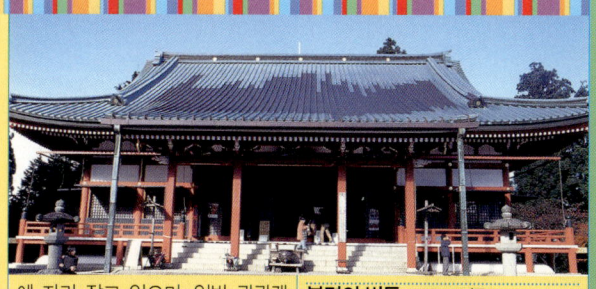

에 자리 잡고 있으며, 일반 관광객들도 이곳을 위주로 관람한다. 가을에는 온산이 단풍으로 뒤덮여 단풍을 구경하는 명소이기도 하다.

불멸의 법등 不滅の法灯

콘폰츄도(根本中堂)에는 두 개의 등이 있는데, 천년이 지나도 꺼지지 않아 불멸의 법등이라고 불린다.

술품과 유명 가수 요사노 아키코(与謝野晶子)의 유품, 쿠라마산의 동식물 표본 등을 소장하고 있다.

고대의 전설에 의하면 쿠라마데라는 악귀와 도적들이 출몰하는 곳

이었다고 한다. 또 일본 고대의 비극적인 영웅 미나모토노 요시츠네(源義経)가 일찍이 이곳에서 무예를 연마해, 텐구(天狗:붉은 얼굴에 코가 긴 일본 전설 속의 요괴)처럼 신출귀몰했다고 전해지고 있다.

쿠라마 지역에서 제일 유명한 축제는 쿠라마노히마츠리(鞍馬の火祭り)인데, 매년 10월 22일 쿠라마데라 내의 유키신사(由岐神社)에서 성대하게 거행된다.

산제인

三千院 Sanzenin

- P108
- 교토(京都)역에서 교토 시영버스 17, 18번 승차, 오하라(大原)에서 하차 후 도보12분
- 교토시 사쿄구 오하라라이코인쵸(京都市左京区大原来迎院町540)
- (075)744-2351
- www.sanzenin.or.jp

산젠인(三千院)은 오하라 지역에서 가장 아름답고 오래 된 절이다. 뒤에는 야산이 있고, 옆에는 료센(呂川)과 리츠센(律川)이라는 개울이 있으며 벚꽃과 단풍으로도 유명하다. 매년 가을에는 산젠인 부근의 돌계단에서부터 참배 길 전체에 등롱을 걸어 놓아 계곡의 단풍과 어우러져 장관을 연출한다.

산젠인에서 단풍이 가장 아름다운 곳은 고텐몬(御殿門) 부근이며, 카나모리 소와(金森宗和)가 설계한 정원 슈헤키엔(聚碧園)과 유세이엔(有淸園)은 사계절 풍경을 모두 감상할 수 있는 곳이다.

오하라의 시소엔 紫蘇園

산젠인(三千院), 쟈코인(寂光院) 등 사원이 많은 오하라 지역에는 오하라의 특산물인 자줏빛의 「차조기」가 넓게 심어져 있다.

쇼린인

勝林院 Shorinin

- P108
- 교토(京都)역에서 교토 시영버스 17, 18번 승차, 오하라(大原)에서 하차 후 도보15분
- 교토시 사쿄구 오하라쇼린인쵸(京都市左京区大原勝林院町1187)
- (075)744-2409
- 9시~17시
- 연중개방
- 입장료 ¥300

쇼린인(勝林院)은 오하라몬도(大原問答)로 유명하며, 1186년 호넨(法然) 대사가 각 불교학 종파의 승려들과 토론을 하던 곳이다. 오늘날 경내에는 당시의 문답대가 보존되어 있으며, 본당 앞에도 오하라 몬도의 편제가 걸려 있어, 일본불교 야사의 흔적을 보여주고 있다.

쇼린인은 다른 오하라 지역의 우아하고 수려한 절에 비해 더욱 호방한 스타일로 지어졌으며, 나무로 지은 본당은 고풍스러워 눈이 내리는 계절에는 풍경이 더욱 뛰어나다.

쟈코인

寂光院 Jakkoin

- P108
- 교토(京都)역에서 교토 시영버스 17, 18번 승차, 오하라(大原)에서 하차 후 도보15분
- 교토시 사쿄구 오하라쿠사오쵸(京都市左京区大原草生町676)
- (075)744-3341

라쿠호쿠

명소

호센인

宝泉院 Hosenin

- P108
- 교토(京都)역에서 교토 시영버스 17, 18번 승차, 오하라(大原)에서 하차 후 도보15분
- 교토시 사쿄구 오하라쇼린인쵸(京都市左京区大原勝林院町187)
- (075)744-2409
- 9시~17시
- 입장료 ¥800(맛차, 화과자 포함)
- www.hosenin.net

호센인은 헤이안시대 수행승들의 숙소였다. 이곳에서 가장 유명한 것은 수령이 700년인 엽송과 단풍나무, 벚꽃, 매화 등의 꽃나무가 심어져 있는 정원이다.

입장료에는 맛차와 화과자 비용이 포함되어 있어 정원 앞에 앉아 차도 마시고 경치도 감상할 수 있다. 가을에는 야간 점등행사도 있다. 수이킨쿠츠(水琴窟)란 대나무를 이용해 물방울이 돌 사이에 떨어지는 소리를 들을 수 있게 만든 것으로 매우 우아하고 고상한 운치를 느낄 수 있다.

- 9시~17시 (12~2월까지 16시 30분)
- 연중개방
- 입장료 ¥500

쟈코인은 산몬(山門)과 본당, 서원을 포함하는 아주 간단한 구조이며, 오래된 암자에는 이끼가 가득하다. 본당 주변에는 겐레이몬인(建礼門院)의 무덤과 그의 시종이었던 아와노나이지(阿波内侍)의 묘가 있다.

이곳의 참배 길은 가파른 돌계단으로 되어 있으며, 이 길은 고행의 의미를 담고 있다.

매년 가을 이곳을 거닐면 어깨에는 단풍잎이 끊임없이 내려앉고 걸을 때마다 사박사박 길을 덮은 잎들을 밟는 소리가 들려 붉은 가을 향연에 도취되는 듯하다.

H 숙박

오하라노사토
大原の里

- P108
- 교토(京都)역에서 교토 시영버스 16, 17, 18, 19, 20, 21번 승차, 오하라(大原)에서 하차 후 도보13분
- 교토시 사쿄구 오하라쿠사오쵸(京都市左京区大原草生町31)
- (075)744-2917
- (075)744-3245
- 1박 2식 1인당 ￥9,000부터 (2인 1실), 당일코스 : 노천탕 +식사 ￥3,500
- www.oohara-no-sato.co.jp

　쟈코인 옆에 있는 오하라노사토는 천연온천이 있는 최고급 민박집이다. 커다란 가마솥 모양을 본떠서 만든 고우에몬후로(五右衛門風呂)는 산 높은 곳에 위치하고 있어, 녹음이 가득한 노천 온천탕에서 삼림욕의 상쾌함도 느낄 수 있다. 저녁식사로 나오는 미소신선로 요리는 가격에 비해 아주 만족스럽다.

오하라산장
大原山荘

- P108
- 교토(京都)역에서 교토 시영버스 16, 17, 18, 19, 20번 승차, 오하라(大原)에서 하차 후 쟈코인 방향으로 도보13분
- 교토시 사쿄구 오하라쿠사오쵸(京都市左京区大原草生町17)
- (075)744-2227
- (075)744-2678
- 1박 2식 1인당 ￥9,000부터(2인 1실), 당일코스 : 노천탕 +식사 ￥3,500
- www.ohara-sansou.com

　오하라 온천의 원류가 바로 오하라 산장에 있다. 산장 뒤쪽에 있는 꽃나무 무성한 길을 따라 산비탈을 걸어가면 노천탕을 만난다. 낮에는 푸른 산을, 밤에는 하늘을 가득히 수놓은 별을 바라보며 온천욕을 할 수 있다.
　산장에서 제공하는 요리는 모두 부근 농가에서 재배한 신선한 채소로 만든 것으로, 시골의 정겨운 맛을 느낄 수 있다.

오야도 세료
お宿 芹生

- P108
- 교토(京都)역에서 교토 시영버스 16, 17, 18, 19, 20번 승차, 오하라(大原)에서 하차 후 도보10분
- 교토시 사쿄구 오하라 산젠인아제(京都市左京区大原三千院畔)
- (075)744-2301
- (075)744-2369
- 1박 2식 1인당 ¥21,000(2인 1실), 주말은 ¥21,000
- www.seryo.co.jp

산젠인 참배 길 앞에 있는 세료는 정갈한 일식요리와 카이세키 요리로 유명한 료칸이다. 오하라 산에서 재배한신선한 재료로 만든 아침식사를 제공하며, 노송나무로 만들어진 노천온천탕의 욕조가 정원의 조경과 매치되어 아주 편안하다.

오하라메마츠리 大原女祭り

- 5월16일~31일, 10월8일~17일
- 오하라관광보승회(大原観光保勝会) (075)744-2148

옛날 오하라의 여성들은 산간지대에서 땔나무를 모아 교토시장까지 나가 팔았다고 한다. 남색으로 물들인 소박한 옷에 머리에는 땔감을 지고, 시끌벅적한 교토시가를 지나며 소리치고 물건을 팔던 오하라의 여성들은 분명 깊은 인상을 남겼을 것이다.

오하라메마츠리는 당시 오하라 여인의 모습을 직접 체험할 수 있는 무료 이벤트들을 개최한다. 평소에는 오하라 역 근처에 있는 오하라 관광보승회에서 오하라메의 복장을 빌려주고, 사진촬영도 제공한다.

그랜드 프린스호텔 교토
Grand Prince Hotel Kyoto

- P9C1
- 지하철 카라스마센(烏丸線) 코쿠사이회관(国際会館)역에서 도보3분
- 교토시 사쿄구 이와쿠라하타에다쵸(京都市左京区岩倉幡枝町1092-2)
- (075)712-1111 (075)712-7677
- 2인실 ¥36,000~¥41,000
- www.princehotels.co.jp/kyoto/

홀리데이 인 교토
Holiday Inn Kyoto

- 1.교토(京都)역에서 시영버스 206, 17번 승차, 타카노바시 히가시즈메(高野橋東詰)에서 하차 후 도보3분 2.교토(京都)역 하치죠구치(八条口)에서 셔틀버스이용(자세한 정보는 홈페이지 참고)
- 교토시 사쿄구 타카노니시바라키쵸(京都市左京区高野西開町36)
- (075)721-3131 (075)781-6178
- 1인실 ¥9,000부터, 2인실 ¥16,000부터.
- www.hi-kyoto.co.jp

아피칼 인 교토
Apical Inn Kyoto

- 지하철 카라스마센(烏丸線) 마츠가사키(松ヶ崎)역 1번 출구에서 도보13분
- 교토시 사쿄구 마츠가사키하시니시즈메(京都市左京区松ヶ崎橋西詰)
- (075)722-7711 (075)722-2185
- 1인실 ¥6,900부터, 2인실 1인당 ¥7,700부터
- www.apical-inn-kyoto.com

라쿠사이(洛西)
RAKUSAI

라쿠사이

洛西 RAKUSAI

진정으로 교토 여행의 묘미를 체험하고 싶다면, 절대로 라쿠사이 지역을 놓쳐서는 안 된다. 예부터 라쿠사이의 뛰어난 경치는 왕과 귀족들의 사랑을 받았다. 특히 아라시야마 사가노(嵐山嵯峨野)는 봄 벚꽃과 가을 단풍, 여름의 녹음과 겨울의 설경으로 유명하며, 일년 사계절 모두 관광객들로 넘친다.

교통정보

◎ 교토역에서 각 명소로 가는 시영버스가 있다.
◎ 아라시야마 사가노 방면: JR 사가노센(嵯峨野線) 사가아라시야마(嵯峨嵐山)역에서 도보10분

킨카쿠지

金閣寺 Kinkakuji

- P8B2
- 교토(京都)역에서 시영버스 101, 205번 승차, 킨카쿠지미치(金閣寺道)에서 하차
- 교토시 키타구 킨카쿠지쵸(京都市北区金閣寺町1)
- (075)461-0013
- 9시~17시
- 연중개방
- 입장료 ¥400

킨카쿠지는 아시카가 요시미츠(足利義満)가 1397년에 세운 유명한 사찰로 금박을 붙여 장식한 외관이 눈부시다.

경내에 있는 정원은 쿄코치(鏡湖池)라는 연못을 중심으로 뒤쪽에 있는 키누가사야마(衣笠山)와 조화를 이루고, 휘황찬란한 금벽의 금각이 수면에 비치는 모습은 매우 아름답다. 겨울의 킨카쿠지는 유키케쇼 킨카쿠(雪化粧金閣: 눈으로 단장한 킨카쿠지)라는 아름다운 이름으로 불린다. 교토는 원래 눈이 잘 내리지 않는 곳으로 눈이 내린다는 소식이 전해지면 엄청난 인파가 몰린다.

킨카쿠지는 귀족들의 문화와 고대의 무사들이 좋아하던 선종양식이 융합되어 지어진 것이 특징이다. 킨카쿠지의 전신인 교토키타야마산장(京都北山山荘)은 막부 장군 아시카가 요시미츠가 세운 것으로, 당시의 문화를 키타야마 문화라고 한다. 중국 선종문화와 헤이안 때부터 전해진 귀족문화 및 서민문화가 융합된 문화양식의 결정체가 바로 킨카쿠지인 것이다.

금봉황 金鳳凰

쿄코치에 세워진 3층짜리 누각인 금각사의 아래층은 아미타당법수원, 이층은 조음각이라고 불리는 관음전. 최상층은 당나라의 건축을 본뜬 구조로 되어있다. 한 쌍의 춤추는 금색 봉황이 정상에 서있는 것이 매우 인상적이다. 전체적으로 금박 장식을 해서 금각사라는 이름이 붙여졌다.

아라시야마 토게츠교

嵐山渡月橋

- P125A5
- JR사가노센(嵯峨野線) 사가아라시야마(嵯峨嵐山)역에서 도보10분
- 교토시 우쿄구 사가텐류지(京都市右京区嵯峨天龍寺)

아라시야마 일대의 벚꽃은 대략 500여 그루가 있어, 매년 봄 벚꽃이 눈처럼 흩날리는 모습을 볼 수 있다. 카츠라가와(桂川)를 가로지르고 있는 토게츠교는 옛날 카메야마

라쿠사이

명소

천황(亀山天皇)이 밤하늘의 달을 보며 이름 지었다고 전해지는 아주 낭만석이 닛이나.

토게츠교는 아라시야마의 지표라고 할 수 있다. 현재의 다리는 1934년 철근 콘크리트로 재건한 것으로 구조는 옛것과 같고, 영화나 드라마에서 벗꽃을 앞에 둔 토게츠교를 자주 촬영해서 아라시야마의 대표적인 경관이 되었다.

아라시야마 우카이부네 鵜飼船
- 7월1일 ~ 8월31일 19시~21시; 9월1일 ~ 9월15일 18시30분~20시30분
- 대인 ¥1,700, 소인 ¥850
- 소요시간 약 1시간

매년 여름밤 초기을, 저녁이 되면 토게츠교 부근에서 우카이(鵜飼:가마우지를 이용한 고기잡이)의 관광 행사가 있다. 옛날 어부들은 가마우지의 목을 묶어서 가마우지가 물고기를 잡으면 삼키지 못하고 토해내게 하여 물고기를 잡았다.

지금은 관광객들이 작은 배에 앉아서 우카이를 구경할 수 있으며 관광객을 상대로 술과 간단한 음식도 판매하고 있다.

료안지
龍安寺 Ryoanji

- P8B2
- 1. 산죠카와라마치(三条河原町)에서 시영버스 59번 승차, 료안지마에(龍安寺前)에서 하차 2. 케이한산죠(京阪三条)역에서 시영버스 59번 승차, 료안지마에(龍安寺前)에서 하차 3. 킨카쿠지에서 시영버스 59번 승차, 료안지마에(龍安寺前)에서 하차 4. 지하철 카라스마센(烏丸線) 이용, 이마데가와(今出川)역에서 시영버스 59번으로 환승 후 료안지마에(龍安寺前)에서 하차
- 교토시 우쿄구 료안지고료노시타쵸(京都市右京区龍安寺御陵下町13)
- (075)463-2216
- 8시~17시(12월~2월 8시30분~16시30분)
- 연중개방
- 입장료 대인 ¥500, 중고생 ¥300

료안지는 카레산스이(枯山水)식 석정(石庭)으로 유명하다. 이 석정은 토라노코와타시 정원(虎の子渡しの庭) 또는 시치고산 정원(七五三の庭)이라고도 불린다. 또 길이 30미터, 너비 10미터에 흙으로 만든 낮은 담이 에워싸고 있다.

정원에는 풀과 나무가 없고, 흰 모래만이 잔잔한 물결을 일으키고 있다. 그 안에는 15개의 돌이 놓여 있는데, 회랑 아래에서 바깥으로 볼 때, 돌은 왼쪽에서 오른쪽으로 5, 2, 3, 2, 3의 배열로 결합하도록 설계되었다. 단지 흰 모래와 이끼만으로 단순하고 간결한 아름다움을 나타내며, 참선 예술의 극치를 보여준다.

진고지
神護寺 Jingoji

- P8A2
- 1.교토(京都)역에서 JR버스 승차, 야마시로 타카오(山城高雄)에서 하차 후 도보15분 2.한큐 카라스마(阪急烏丸)역에서 시영버스 8번 승차, 타카오(高雄)에서 하차 후 도보15분
- 교토시 우쿄구 우메가하타카에타카오쵸(京都市右京区梅ヶ畑高雄町5)
- (075)861-1769
- 9시~16시
- 입장료 ¥400

진고지는 단풍으로 유명하다. 3백여 개의 돌계단은 오래된 단풍나무 숲에 둘러싸여있다. 늦가을, 교토의 산들을 붉게 물들이는 단풍은 키타야마 삼나무의 푸른색과 강하게 대비된다.

경내를 장식한 붉은 단풍의 색채는 수려하며, 붉은색 사당 앞 단풍나무의 자태도 매우 우아하다.

비샤몬도(毘沙門堂) 주위에도 큰 단풍나무들이 있으며 검은 처마와 붉은 단풍잎이 조화를 이루어 매우 아름답다. 다이시도(大師堂)는 경내에서 유일하게 *오닌의 난(応仁の乱)을 피해 보존된 건축물이며, 중요문화재로 지정되었다.

닌나지
仁和寺 Ninnaji

- P8B2
- 1.교토(京都)역에서 시영버스 26번 승차, 오무로닌나지(御室仁和寺)에서 하차 2.케이후쿠전철(京福電鉄) 오무로(御室)역에서 도보5분
- 교토시 우쿄구 오무로오우치(京都市右京区御室大内33)
- (075)461-1155
- 9시~16시30분(입장료는 16시까지만 판매); 영보관 4월1일~5일 4번째 일요일, 10월1일~11월23일.
- 연중개방
- 입장료 대인 ¥500, 중고생 ¥300 (벚꽃을 감상 기간¥ ¥300 추가). 영보관 입장권 ¥500

닌나지는 [교토의 마지막 꽃놀이]라는 명칭을 갖고 있다. 키요미즈데라에서 꽃이 떨어질 때면 닌나지의 꽃은 만개할 정도로 다른 지역에 비해 개화기간이 늦은 데서 유래한 것이다.

닌나지의 벚꽃은 오무로 사쿠라(御室桜)라는 이름으로도 유명한데, 다른 벚꽃과는 달리 가지 끝과 뿌리에 꽃이 피어, 나무의 머리부터 다리까지 벚꽃으로 뒤덮이는 것이 특징이다.

고전적인 오층탑, 인왕문 외에, 경내에는 수려하게 지어진 법황어실이 있고, 정원에는 깨끗한 백사를 깔고 대나무 갈퀴를 이용해 선을 그려 물이 흐르는 모양을 나타냈으며, 우아한 소나무와 푸르른 측백나무를 심어 놓아, 유유자적하고 편안하게 거닐 수 있다.

고다이도(五大堂) 앞 왼쪽 돌계단에 있는 것은 콘도(金堂)로 경내에서 가장 높은 곳이다. 이곳에서 아래를 내려다보면 경내가 한눈에 들어와 환상적인 절경을 볼 수 있다.

콘도 뒤쪽에 더 높은 산길에는 다보탑이 있고, 다보탑으로 통하는 산길 앞에 지장원으로 통하는 길이 하나 더 있는데 이곳에서 산골짜기 아래를 바라보면 또 다른 아름다운 단풍 절경을 볼 수 있다.

*오닌의 난(応仁の乱)

쇼군(막부의 수장) 후계자 문제를 명분으로 지방 다이묘(영주)들이 1467년 1월 2일 교토에서 벌인 항쟁이다.

텐류지
天龍寺 Tenryuji

- P8A2 + P124B4
- 1.케이후쿠전철(京福電鉄) 아라시야마(嵐山)역에서 도보2분 2.JR사가노센(嵯峨野線) 사가아라시야마(嵯峨嵐山)역에서 도보12분 3.교토(京都)역에서 시영버스 28번 승차, 아라시야마텐류지마에(嵐山天龍寺前)에서 하차

- 교토시 우쿄구 사가텐류지스스키노바바쵸(京都市右京区嵯峨天龍寺芒ノ馬場町68)
- (075)881-1235

노노미야신사
野宮神社 Nonomiyajinja

- P124B3
- 1.케이후쿠전철(京福電鉄) 아라시야마(嵐山)역에서 도보4분 2.JR사가노센(嵯峨野線) 사가아라시야마(嵯峨嵐山)역에서 도보14분 3.교토(京都)역에서 시영버스 28번 승차, 노노미야(野宮)에서 하차
- 교토시 우쿄구 사가노미야쵸(京都市右京区嵯峨野々宮町1)
- (075)871-1972
- 9시~17시
- 연중개방
- 무료 관람

노노미야신사는 검은색 토리이로 유명하다. 겐지모노가타리(源氏物語)에 보면 황제의 신궁에 들어가 제사를 모셔야하는 황녀가 되기 전 머물러야 했던 곳으로, 이세신궁(伊

죠쟉코지
常寂光寺 Jyojakkoji

- P124A3
- 1.JR사가노센(嵯峨野線) 사가아라시야마(嵯峨嵐山)역에서 도보8분 2.교토(京都)역에서 시영버스 28번 승차, 사가쇼각코

라쿠시샤
落柿舎 Rakushisha

- P124B3
- 1.JR사가노센(嵯峨野線) 사가아라시야마(嵯峨嵐山)역에서 도보17분 2.교토(京都)역에서 시영버스 28번 승차, 사가쇼각코마에(嵯峨小学校前)에서 하차 후 도보10분
- 교토시 우쿄구 사가오구라야마 히노묘진쵸 京都市右京区嵯峨小倉山緋明神町2
- (075)881-1953
- 9시~17시(1, 2월은 10시~16시)
- 연중개방
- 입장료 ¥200

라쿠시샤가 가장 아름다운 시기는 단풍이 물들 때이다. 평상시 조용했던 암자가 이때가 되면 사람들로 북적인다. 원내에는 40그루의 감나무가 가을 바람에 흔들려 시적

- 8시30분~17시30분(10월 21일~3월 20일~17시)
- 연중개방
- 입장료 어른 ￥500, 중고생 ￥300(법당 참관시 ￥100 추가 부담)

텐류지는 교토 오산(京都五山) 중 제1의 사찰로서 세계문화유산으로 지정되었다. 경내에는 벚꽃이 약 200그루 정도 심어져 있어 4월 초순에는 아름다운 벚꽃의 향연이 펼쳐지고, 깊은 가을에는 붉은 단풍이 가득하다.

경내의 대부분의 건축물들은 모두 메이지 시기 때 복원된 것으로 소겐치(曹源池) 정원 외에는 원래 모습을 유지하고 있는 건축물은 없다.

소겐치 정원은 무소 소세키(夢窓疎石)의 작품으로, 백사와 녹송이 조화를 이루며, 뒤쪽의 동산과 계곡은 잉어가 용문을 뛰어오르는 것을 표현한 것이다.

勢神宮)과 더불어 아마테라스오미카미(天照大神 : 일본 황실의 선조라고 여긴다)를 숭배한다. 그러나 지금은 학생들과 젊은 여성들이 많이 찾는 신사가 되었다.

대나무 숲

노노미야신사의 오코우치산장(大河内山莊)으로 통하는 대나무 숲은 여름에는 쪽빛의 대나무 그늘이 있어 상쾌하고 시원하다. 겨울에는

흰 눈이 쌓인 오솔길에 선명한 녹색의 대나무들이 또 다른 정취를 느끼게 해준다.

마에(嵯峨小学校前)에서 하차
- 교토시 우쿄구 사가오구라야마 오구라쵸(京都市右京区嵯峨小倉山小倉町3)
- (075)861-0435
- 9시~16시30분
- 연중개방
- 입장료 대인 ￥300, 중학생 ￥200

죠작코지는 단풍으로 유명한 사찰로 오구라산(小倉山) 기슭에 위치하며, 사방이 짙푸른 숲에 둘러싸여 한적하다. 이곳의 이름은 불전에서 취한 것으로, 불교의 이상적인 경지를 뜻한다.

인 정취를 더해준다.

이곳은 일본 역사상 유명한 하이쿠(俳句·일본의 단시) 시인 마츠오 바쇼(松尾芭蕉)가 머물렀던 곳으로, 하이쿠 애호가의 성지가 되었고, 문학적 분위기가 짙다.

라쿠시샤의 구석구석에서 시의 정취가 가득한 장식을 볼 수 있는데, 예를 들어 대광주리 안에 꽂혀있는 화초, 돌계단에 있는 한 쌍의 나막신에서도 모두 미적 감각이 느껴진다.

하이쿠 상자

경내에 연필이 놓여 있다. 관광객들에게 하이쿠를 지어보게 하는 것이다. 우수한 하이쿠는 라쿠시샤의 문집에 실리기도 한다.

세이료지

清凉寺 Seiryouji

P124B2

1.JR사가노센(嵯峨野線) 사가아라시야마(嵯峨嵐山)역에서 도보 10분 2.교토(京都)역, 한큐오오미야(阪急大宮)역에서 시영버스 28번, 교토 버스 72번, 71번 승차, 사가샤카도마에(嵯峨釈迦堂前)에서 하차

교토시 우쿄구 사가샤카도후지노키쵸(京都市右京区嵯峨釈迦堂藤ノ木町46)

(075)861-0343

9시~16시(4, 5, 10, 11월은 17시까지)

연중개방

무료 관람, 본당과 영보관은 ¥700

세이료지는 사가샤카도(嵯峨釈迦堂)라고도 불리는 사가노의 사찰 중 하나로 불구와 불서 등 종교유물을 소장하고 있다. 그중 가장 귀한 것이 나무로 만든 석가여래입상본존으로, 중국 송나라 때 들어

아다시노넨부츠지

化野念仏寺 Adashinonenbutsuji

P124A1

교토(京都)역, 한큐오오미야(阪急大宮)역에서 시영버스 72번 승차, 토리이모토(鳥居本)에서 하차 후 도보 3분

교토시 우쿄구 사가토리이모토아다시노쵸(京都市右京区嵯峨鳥居本化野町17)

기오지

祇王寺 Giouji

P124A2

1.JR사가노센(嵯峨野線) 사가아라시야마(嵯峨嵐山)역에서 도보 20분 2.교토(京都)역에서 시영버스 28번 승차, 사가샤카도마에(嵯峨釈迦堂前)에서 하차 후 도보 15분

교토시 우쿄구 사가토리이모토코자카쵸(京都市右京区嵯峨鳥居本小坂町32)

(075)861-3574

헤이케모노가타리(平家物語)에 보면 기오(祇王)는 타이라노키요모리(平清盛)의 총애를 받던 마이코였다. 타이라노키요모리가 다른 마이코인 호토케고젠(仏御前)에게 빠지자, 기오와 그의 동생 기뇨(祇女)

니손인

二尊院 Nisonin

P124A2

1.JR사가노센(嵯峨野線) 사가아라시야마(嵯峨嵐山)역에서 도보18분 2.교토(京都)역에서 시영버스 28번 승차, 사가샤카도마에(嵯峨釈迦堂前)에서 하차 후 도보10분

온 것이다. 이 불상의 눈은 흑진주로 만들었고, 귀는 수정으로 장식하였다. 쇼와 28년에는 불상 안에 명주로 오장육부를 만든 것이 발견되어, 불교계를 뒤흔든 화젯거리가 되었다. 매월 8일 오전 11시에 공개되며, 참관인들은 반드시 참관비를 지불해야 한다.

모리카(森嘉)의 두부

세이료지 옆에는 그 명성이 널리 알려진 두부 전문점 모리카가 있는데, 교토의 지하수로 만든 두부는 맛이 감미롭다. 사가노 두부(嵯峨野豆腐)라고도 불린다.

라쿠사이

명소

- ☎ (075)861-2221
- 🕘 9시~16시30분 ✕ 연중개방
- 💲 입장료 ¥500

아다시노넨부츠지의 아다시노(化野)는 "슬퍼하는 곳"이란 뜻이다. 옛날에 일가친척도 없는 사람이 세상을 떠나면 모두 이곳에 안치했기 때문이다. 안치된 시신은 아무런 장례절차를 거치지 않고 그대로 매장하였는데, 이런 방식을 풍장(風葬)이라고 한다.

후일 아다시노넨부츠지는 호넨대사(法然大師)의 참선도장으로 바뀌었다. 이곳에는 총 8000좌 이상의 불상과 불탑이 있으며 그 목적은 이곳에 있는 외로운 영혼들의 안식을 빌기 위한 것이다.

입구 부근에 석불상은 가마쿠라 시대의 작품이고, 이 절의 불탑은 성지(Santi)의 인도사리탑을 모방하여 건축한 것으로 매우 특색 있다.

는 유배될 운명에 처하게 되었지만 다음해, 타이라노키요모리의 마음이 바뀌어 다시 기오를 불러 연회를 베풀었고, 기오의 춤추는 자태가 타이라노키요모리와 모든 신하들을 감동시켜 눈물 흘리게 했다. 후에 기오는 동생과 함께 출가하여 이곳에 기거했다. (*헤이케 모노가타리:가마쿠라 막부 초기의 전쟁이야기 책)

- 🏠 교토시 우쿄구 사가니손인몬 젠쵸진쵸(京都市右京区嵯峨二尊院門前長神町27)
- ☎ (075)861-0687
- 🕘 9시~16시30분 ✕ 연중개방
- 💲 입장료 ¥500

오구라산 동쪽 기슭에 있는 니손인에는 항상 푸르른 소나무가 심어져 있어, 맑고 고요하다.

이곳의 정문은 후시미 성의 야쿠이몬(薬医門)을 옮겨다 놓은 것이다. 참배 길은 단풍의 승마장(紅葉の馬場)이라고 할 정도로 단풍으로 유명하다. 본당에는 석가여래와 아미타여래의 불상이 있는데, 이것에서 니손인의 이름이 유래했다.

다이카쿠지
大覚寺 Daikakuji

- P125A1
- 1.교토(京都)역 한큐오오미야(阪急大宮)역에서 시영버스 28번, 교토버스 71번 승차, 다이카쿠지(大覚寺)에서 하차 2.JR사가노센(嵯峨野線) 사가아라시야마(嵯峨嵐山)역에서 도보15분
- 교토시 우쿄구 사가오사와쵸(京都市右京区嵯峨大沢町4)
- (075)871-0071
- 9시~16시30분 연중개방
- 입장료 ¥500

다이카쿠지는 헤이안시대(94~1192년) 사가천황(嵯峨天皇)의 어소(御所)였고, 후에 그의 딸 마사코(正子) 내친왕이 발원해서 사원으로 바뀌었다. 가마쿠라(鎌倉) 시대에 이르러서는 천황들이 이곳에서 정무 보는 것을 즐겨 후대에 이곳을 사가고쇼(嵯峨御所)라고 부르게 되었다.

다이카쿠지는 카도사가고류(華道嵯峨御流: 사가에서 시작된 꽃꽂이를 말함)의 총본원이기도 하다. 그 안에 있는 모란도(牡丹図)와 홍매도(紅梅図)는 유명화가 카노 산라쿠(狩野山楽)가 그린 것이다.(원본은 보관실에 있고 여기서 전시되고 있는 것은 복제본이다.)

다이카쿠지의 정원은 일본에서 가장 오래된 것으로 벚꽃 감상의 명소이다. 또 매년 9월 중순에는 달맞이행사가 이곳의 연못에서 거행된다.

코잔지
高山寺 Kozanji

- P122B1
- 교토(京都)역에서 JR버스 승차, 토가노오(栂ノ尾)에서 하차 후 도보3분
- 교토시 우쿄구 우메가하타토가노오쵸(京都市右京区梅ヶ畑栂尾町)
- (075)861-4204
- 9시~17시

사이호지
西芳寺 Saihoji

- P123A2
- 교토(京都)역에서 시영버스 73번 승차, 코케데라(苔寺)에서 하차 후 도보3분
- 교토시 니시쿄구 마츠오진가타니쵸(京都市西京区松尾神ヶ谷町56)
- (075)391-3631
- 예약제로 회신용 엽서에 희망하는 참관 시기, 참관자의 주소, 성명과 인수를 적어서, 희망 참관일 일주일 전에 보내면, 참배 시간을 정해서 절에서 연락을 준다.
- 참가료 ¥3,000

코케데라(苔寺:이끼절)라고도 하는 사이호지는 이끼 정원을 감상하기 아주 좋은 곳이다. 정원 전체를 아름다운 이끼가 덮고 있어 마치 진한 녹색의 화려한 융단을 깔아 놓은 것 같은 독특한 정취가 느껴진다.

원래는 쇼무천황(聖武天皇)이 개

라쿠사이

👁 명소

🈚 연중개방

💲 무료 관람(단 가을 단풍기간, 대인 ¥400, 초등학생 ¥200), 석수원 입장료 ¥600, 초등학생 ¥300

코잔지는 거대하게 우뚝 솟은 삼나무 숲과 단풍나무에 둘러싸여 있어, 가을이면 교토에서 유명한 단풍 명소가 된다. 774년에 건설된 코잔지는 1206년부터 묘에대사(明惠上人)가 이곳에서 진언종법도를 강연하면서 흥성하기 시작했으며 절 안에 있는 조수인물희화(鳥獣人物戯画)는 유명한 국보이다. 조수인물희화는 갑, 을, 병, 정의 네 편으로 되어있고, 생동감 있는 동물들을 의인화 한 것으로 그림의 선이 활동적이고 익살스러워, 오늘날의 만화와 비슷하다. 원본은 동경국립박물관에서 보관하고 있고, 이곳에서 전시하고 있는 것은 복제품이다.

인 수행을 위해서 지은 별장이었지만 쇠퇴하면서 여러 번 변천하였고, 후일 정토종의 사찰이 되었다. 가마쿠라 말기에 와서는 정원 조경에 뛰어났던 *무소 소세키(夢窓疎石)에 의해 임제종으로 바뀌었다. 이곳의 정원과 텐류지(天龍寺)의 정원 모두 무소 소세키의 손에서 나온 것이다.

*무소 소세키(夢窓疎石)
일본의 선승으로 정원조경에 뛰어난 인물이었다.

코묘지
光明寺 Koumyouji

🔺 P123A2(나카오카쿄(長岡京))
🚌 1.JR교토센(京都線)이용, 나가오카쿄(長岡京)역에서 한큐(阪急)버스로 환승 후 코묘지(光明寺)에서 하차 2.JR교토센(京都線)이용, 나가오카쿄(長岡京)역에서 한큐(阪急)버스로 환승 후 코묘지(光明寺)에서 하차
🏠 나가오카쿄시 아와니시죠노우치(長岡京市粟生西条ノ内26-1)
☎ (075)955-0002
🕘 9시~16시
💲 무료 관람, 단풍기간은 ￥500

코묘지는 가마쿠라시대 호넨대사(法然大師)의 제자 쿠마가이 나오자네(熊谷直実)에 의해 세워진 사찰로, 호넨대사가 죽은 후 이곳에서 화장을 치루고, 유골도 경내에 보관되어 있다. 현재는 일본 불교 분파 서산정도종의 총본산이다.

코묘지는 코요지(紅葉寺)라는 별칭으로도 불린다. 늦가을이면 단풍이 물든 코묘지를 찾는 사람들로 북적거리기 때문이다.

오하라노신사
大原野神社 Oharanojinja

🔺 P123A1
🚌 한큐전철(阪急電鉄) 교토센(京都線) 이용, 히가시휴가쵸(東日向町)에서 한큐(阪急)버스로 환승 후 종점 미나미 카스가쵸(南春日町)에서 하차, 도보15분
🏠 교토시 니시쿄구 오하라노미나미카스가쵸(京都市西京区大原野南春日町1152)
☎ (075)331-0014
💲 무료

오하라노신사는 칸무천황이 나라(奈良)에서 나가오카쿄(長岡京)로 천도할 때 세운 것이다. 대전은 나라의 카스가타이샤(春日大社)와 같이 카스가가 제작한 건축물이며 사슴동상과 연못도 모두 카스가타이샤에서 복제해온 것이다. 신사 주위는 한가로운 전원 풍경이 펼쳐져 있다.

호즈가와쿠다리
保津川下り

🔺 P124A3
🚌 1.JR사가노센(嵯峨野線) 카메오카(亀岡)역에서 도보10분 후 호즈가와 선박장 도착 2.사가노 토롯코열차(嵯峨野トロッコ列車)토롯코 카메오카(トロッコ亀岡)역에서 버스로 환승 후 호즈가와 선박장 도착, 약 15분소요
☎ (075)22-5846
🕘 9시~14시에는 매시간마다 한 그룹, 15시30분에 한 그룹, 하루에 총 7그룹(12월1일~3월9일은 10시~14시30분에 4그룹이 있고, 온풍기를 가동). 일요일과 국경일은 그룹이 더 증설됨.
🚫 12월29일~1월4일
💲 선박료 대인 ￥3,9000, 소인

사가노 토롯코 열차
嵯峨野トロッコ列車

- ✈ P124A3
- 🚃 JR사가노선(嵯峨野線) 사가아라시야마(嵯峨嵐山)역 부근에 바로 토롯코사가(トロッコ嵯峨)역 위치
- ☎ (075)861-8511
- ⏰ 9시28분~16시28분 사이에 매시간 마다 1편, 하루에 총 8편이 있다. 운행일은 3월1일~12월29일. *골든위크와 단풍 계절 8시28분~16시28분.
- 休 매주 수요일(단 국경일과 겹치면 운행), 단 3월25일~4월7일, 4월29일~5월5일, 7월21일~8월31일, 10월15일~11월30일에는 평소와 같이 운행함.
- 💲 출발 역 토롯코사가(トロッコ嵯峨)에서 종점 역 카메오카(亀岡)까지, 편도 ¥600.
- 🔗 www.sagano-kanko.co.jp

● 명소

교토시 교외에 있는 아라시야마, 사가노는 수려한 경치를 자랑한다. 특히 호즈가와의 카메오카에서 아라시야마 협곡까지의 전경은 말로 형용할 수 없을 정도로 아름답다.

오래된 노선을 복구해서 운행되고 있는 붉은색의 고풍스럽고 소박한 기관차는 사람들의 이목을 끈다. 열차 운행 중에는 기관사가 경쾌한 목소리로 주위 경치를 설명해 준다. 열차는 사가노역을 출발하여, 아라시야마를 지나, 토롯코 호즈쿄(トロッコ保津峡)역에서 토롯코 카메오카(トロッコ亀岡)역까지 운행되며, 약 25분정도 소요된다.

좌석번호 순서대로 앉으면 되는데, 좌석 위치에 따라 보게 되는 경치도 다르다. 사가노에서 카메오카 방향으로 갈 때는, 왼쪽좌석을 추천한다.

*골든위크

말그대로 황금 연휴이다. 4월말부터 5월 첫째주는 일본의 공식휴일이 몰려 있다.

이 주간을 전부 휴일로 하는 회사들이 늘어나게 되고 골든위크라고 부르게 된 것이다.

¥2,500
🔗 www.hozugawakudari.jp

사가노 토롯코열차를 이용하여 카메오카(亀岡)역을 왕복하거나, 호즈가와에서 배를 타고 호즈협곡을 따라 아라시야마으로 간다.

카메오카에서 아라시야마까지의 거리는 약 16km로, 전통적인 방식으로 노를 저어보는 신선한 체험을 할 수 있으며 물살이 센 계곡 하단

을 지나갈 때는 스릴이 넘친다. 아라시야마로 돌아오는 전 코스는 약 2시간정도 소요된다.

토에이 우즈마사 영화촌

東映太秦映画村

- P8B2
- 교토(京都)역에서 시영버스 75번 승차, 우즈마사 에이가무라미치(太秦映画村道)에서 하차
- 교토시 우쿄구 우즈마사히가시하치오카쵸(京都市右京区太秦東蜂岡町10)
- (075)864-7716
- (075)864-7776
- 3월1일~11월30일은 9시~17시, 12월 1일~2월 말은 9시30분~16시
- 12월 25일~12월 31일
- 입장료 대인 ￥2,200, 중고생 ￥1,300, 아동 ￥1,100 게이샤 분장 ￥12,000, 무사, 공주 게이샤 등 변신체험 ￥8,500~￥16,000
- www.eigamura30.com

영화 촬영에 필요한 에도 시대의 거리, 항구, 유흥가, 귀신의 집 같은 장소를 볼 수 있는 곳이다. TV나 영화의 촬영 장면도 직접 볼 수

쇼핑

아라시야마 치리멘 자이쿠칸

嵐山ちりめん細工館

- P125A4
- JR사가노센(嵯峨野線) 사가아라시야마(嵯峨嵐山)역에서 텐류지(天龍寺) 방향으로 도보7분
- 교토시 우쿄구 사가텐류지츠쿠리미치쵸(京都市右京区嵯峨天龍寺造路町19-2)
- (075)862-6332
- 10시~18시
- 연중무휴
- 니시키시장(錦市場) 기온 하나미코지(花見小路)와 시죠도리(四条通り) 교차로 부근에 모두 상점들이 있다.

선명한 색상의 부드러운 치리멘(縮緬: 오글쪼글한 비단)으로 만든 각종 일본 잡화와 수공예장신구들, 심지어 생선초밥, 쿄야사이(京野菜) 등, 재미있고 훌륭한 물건이 매우 많다.

있다.

사극 분장관에서는 전문가들이 훌륭한 솜씨로 게이샤 분장뿐만 아니라, 고대의 공주, 무사, 귀부인 등으로 분장해준다. 세트장에서 마이코 분장을 하고 산책하다 보면, 시간이 거꾸로 흘러 사극의 한 장면을 찍는 것 같은 기분이 든다.

식당

료안지 세이겐인
龍安寺西源院

- P8B2
- 시영버스 59번 승차, 료안지마에(龍安寺前)에서 하차
- 교토시 우쿄구 료안지고료노시타쵸(京都市右京区竜安寺御陵ノ下町13)
- (075)462-4742
- 10시~17시
- 연중무휴
- 나나쿠사 유도후(七草湯豆腐) ¥1,500, 쇼진료리(精進料理)(유도후 포함) ¥3,300

료안지의 정원에 정좌를 하고 앉아 쇼진요리(精進料理)를 즐긴다면, 특별하고 우아한 정취를 느낄 수 있을 것이다. 이곳의 유도후는 탄바(丹波)지역의 최고급 대두를 갈아서 만든 두부에 일곱 가지 채소를 넣어서 나나쿠사 유도후(七草湯豆腐)라고도 불린다.

교토 탐구
쇼진요리(精進料理)

헤이안시대 중기 마쿠라노 소시(枕草子:헤이안 시대의 여류 문인 세쇼 나곤의 수필집)에 적혀있는 [쇼진(精進)]이라는 두 글자에서 파생되어진 것이 쇼진요리(精進料理)이다.

쇼진요리의 쇼진(精進)은 적극적인 수행으로 진보한다는 의미를 가지고 있다. 또한 소박한 음식을 말하기도 한다. 중국 당나라의 고서 [선원청규(禪苑清規)]의 설명에 의하면, 쇼진요리를 만들 때에는, 반드시 제철에 맞는 재료를 사용하고, 낭비하지 않으며, 신중해야 하고, 혹시 식자재가 좋지 않더라도 함부로 다뤄서는 안 되고, 하늘과 식재료에 대해 감사의 마음을 가지고 요리해야 한다. 즐기는 사람 역시 감사의 마음을 가지고 음식을 귀하게 여기며, 기호에만 따르지 말고, 모든 음식을 남겨서는 안 된다. 이 모든 과정이 일종의 수행인 것이다.

텐류지 시게츠
天龍寺篩月

- P124B4
- 1.교토버스 71, 72, 73번 승차, 아라시야마(嵐山)에서 하차
  2.JR사가노센(嵯峨野線) 사가아라시야마(嵯峨嵐山)역에서 도보10분
- 교토시 우쿄구 사가텐류지스스키노바바쵸(京都市右京区嵯峨天龍寺芒ノ馬場町68)
- 예약전화(075)882-9725
- 11시~14시
- 연중무휴
- 유키(雪)(탕 1, 야채 5) ¥3,500, 츠키(月)(탕 1, 야채 6) ¥5,500, 하나(花)(탕 1, 야채 7) ¥7,500

시게츠의 쇼진요리 재료의 대부분은 사찰에서 심은 채소와 과일들로 소박하면서 낭비가 없다. 요리는 옛사람의 교훈에 따르고 있다. 유키 이외의 쇼진요리는 반드시 전화 예약을 해야만 한다. 절에서도 예약 분량에 맞게 요리를 만들기 때문에 낭비가 없다.

묘신지 토린인
妙心寺東林院

- P8B2
- 1.JR산인혼센(山陰本線) 하나조노(花園)역에서 도보 8분
  2.시영버스 91, 93번 승차, 묘신지마에(妙心寺前)에서 하차 후 도보5분
- 교토시 우쿄구 하나조노묘신지쵸(京都市右京区花園妙心寺町59)
- (075)463-1334
- 10시~15시 부정기휴일
- 쇼진요리 ¥4,000부터
- 쇼진요리 체험교실은 매주 화, 금요일 10시~13시에 있고, 1월8일~31일, 6월12일~30일은 쉬며, 비용은 ¥3,150, 전화 예약 필수.

토린인은 묘신지 안에 있다. 쇼진요리를 맛볼 수 있는 것 외에, 쇼진요리 교실이 있어, 정통 쇼진요리의 조리법을 배울 수 있다.

 숙박

 라쿠사이 H 숙박

유노하나온천 스미야 키호안
湯の花温泉 すみや亀峰庵

- P124A3
- JR사가노센(嵯峨野線) 카메오카(亀岡)역에서 하차, 역 앞에 셔틀버스정류장이 있음(출발시간은 일정하지 않음)
- 카메오카시 유노하나온센(亀岡市湯の花温泉)
- (0771)22-0394 (0771)22-4120
- 1박 2식 1인당 ¥22,050~¥29,400(2인 1실), 노천온천 포함 야마노카쿠레유(山の隠れ湯) ¥3,150, 한 번에 5명까지 이용가능, 이용시간 45분. www.sumiya.ne.jp

호즈가와(保津川) 상류에 있는 유노하나온천은 짙푸른 산림 속에 숨어 있는 우수한 온천이다. 유노하나의 〈키호안〉은 절묘한 일본미학과 온천문화가 결합된 것으로, 전통적인 갈대지붕을 얹고, 나무향이 가득한 건축 재료들을 사용했으며, 섬세한 카이세키 요리에 벚꽃, 단풍, 눈 같은 사계절의 요소를 더해 산중암자의 고즈넉한 아름다움을 빚어내었다.

여성 전용 노천온천에는 천년 된 벚꽃나무의 큰 뿌리로 만든 욕조가 있다. 가을에 그 욕조 옆에 금계화가 피면 짙은 꽃향기가 수증기를 타고 사방으로 퍼져 신비로운 분위기를 자아낸다. 그 밖에 단풍나무 숲에 있는 시원한 정자 아래에 위치한 노천온천도 있어, 깊은 가을에는 붉은 단풍잎에 둘러싸여 더욱 아름다운 풍경을 연출한다.

토게츠테이
渡月亭

- P125A5
- 1.JR사가노센(嵯峨野線) 사가아라시야마(嵯峨嵐山)역에서 도보15분 2.쿄토(京都)역에서 시영버스 28번 승차, 다이카쿠지(大覚寺)행 아라시야마코엔(嵐山公園)에서 하차 후 도보 1분
- 교토시 니시쿄구 아라시야마나카오시타쵸(京都市西京区嵐山中尾下町54-4)
- (075)871-1310
- (075)872-7820
- 평일 1박 2식 ¥15,225~¥18,900(매일 5그룹 한정)
- www.togetsutei.co.jp

아라시야마 벤케이
嵐山辨慶

- P125A4
- 1.쿄토(京都)역에서 JR사가노센(嵯峨野線)이용, 사가아라시야마(嵯峨嵐山)역에서 하차 후 도보15분 2.케이후쿠아라시야마센(京福嵐山線) 아라시야마(嵐山)역에서 하차 후 도보 5분
- 교토시 우쿄구 사가텐류지스스키노바바쵸(京都市右京区嵯峨天龍寺芒ノ馬場町34番地)
- (075)872-3355
- (075)872-9310
- 1박 2식 2인 1실 1인당 ¥21,000~¥40,950
- www.benkei.biz

라쿠난
(洛南)
RAKUNAN

144 라쿠난
교토근교
156 아마노하시다테
159 미야마

라쿠난

洛南 RAKUNAN

라쿠난의 여행 동선은 비교적 분산되어 있다. 철도가 주요 교통수단이며, 교토 시내에서는 30분정도 걸린다. 그중 우지차(宇治茶)로 유명한 우지(宇治), 봄에 벚꽃으로 사람을 유혹하는 다이고(醍醐)와 단풍에 취하는 토후쿠지(東福寺) 등은 라쿠난을 여행한다면 꼭 가봐야 할 곳이다.

교통정보

◎ 교토 기차역에서 JR나라센(奈良線)을 타면 우지(宇治)에 간다. 기타 지역은 시영버스나 철도를 이용하면 갈 수 있다.

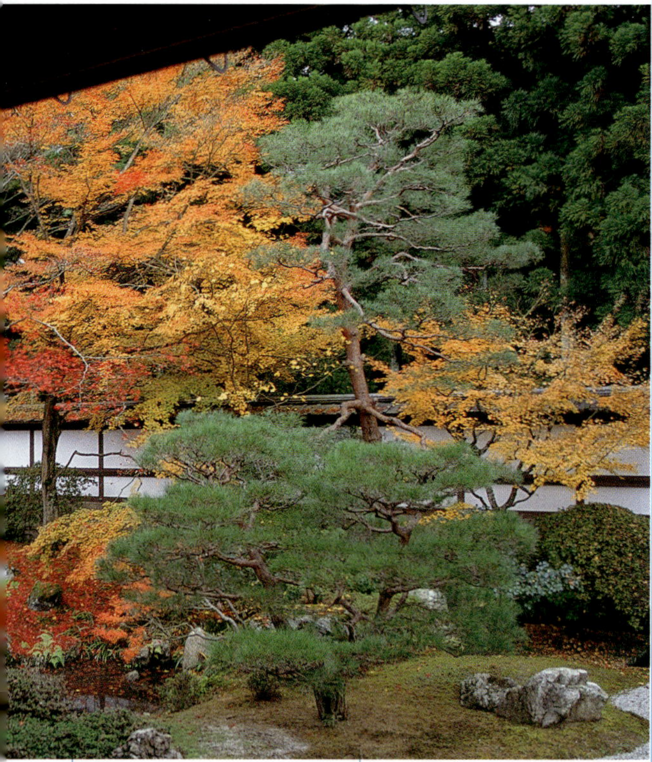

라쿠난

우지

- 京都駅方向 교토역방향
- 黃檗駅 오바쿠역
- 黃檗駅 오바쿠역
- 萬福寺 만푸쿠지
- 京阪宇治線 케이한우지센
- 三室戸寺 미무로토지
- 三室戸駅 미무로토역
- 伊藤久衛門 이토큐에몬
- 宇治駅 우지역
- 宇治源氏物語ミュージアム 우지겐지모노가타리뮤지엄
- 宇治上神社 우지카미신사
- 宇治駅 우지역
- 平等院 뵤도인
- JR奈良線 JR나라센
- 中村藤吉本店 나카무라토키치본점
- 対鳳庵 타이호안

기호 설명: 명소, 식당

👁 명소

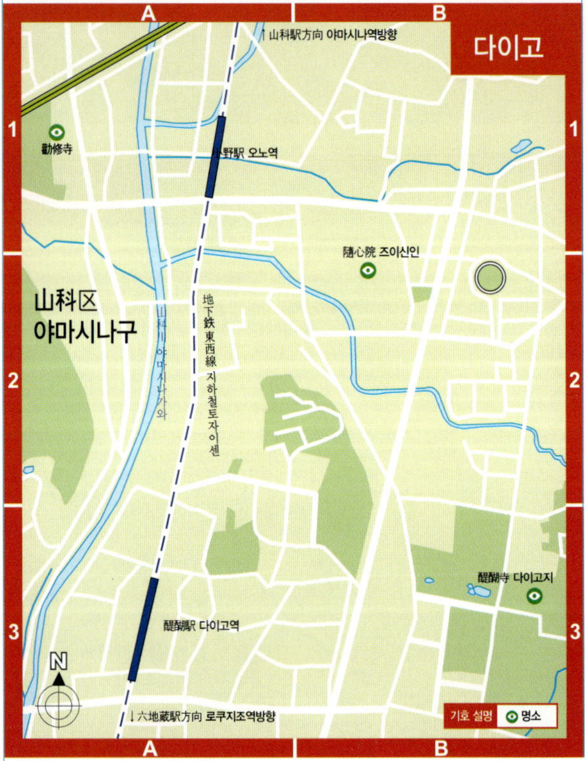

다이고

- 勸修寺
- 小野駅 오노역
- 隨心院 즈이신인
- 山科区 야마시나구
- 山科川 야마시나가와
- 地下鉄東西線 지하철토자이센
- 醍醐駅 다이고역
- 醍醐寺 다이고지
- 山科駅方向 야마시나역방향
- ↓六地蔵駅方向 로쿠지조역방향

기호 설명 👁 명소

 명소

라쿠난

뵤도인

平等院 Byodoin

- P145B2
- JR나라센(奈良線), 케이한우지센(京阪宇治線) 이용, 우지(宇治)역에서 하차 후 도보10분
- 교토부 우지시 우지렌게(京都府宇治市宇治蓮華116)
- (0774)21-2861
- 8시30분~17시30분(12월~2월은 9시~16시30분), 호쇼칸(鳳翔館) 9시~17시(12월~2월은 9시~16시).
- 연중개방
- 입장료 대인 600¥, 중고생 400¥, 초등학생 300¥(입장료에 호오도(鳳凰堂)입장요금 포함).
- www.byodoin.or.jp

998년, 우지(宇治) 남쪽 기슭에 처음 세워진 뵤도인(平等院)은 헤이안 시대 권력을 장악한 후지와라노 미치나가(藤原道長)의 별장으로, 그 규모는 오늘날의 우지시 반 이상의 면적을 차지했었다.

호오도(鳳凰堂)라고도 불리는 뵤도인은 헤이안 귀족들이 추구하는 극락정토의 사상을 담고 있다. 아미타당에는 51기의 보살불상이 있고, 현재는 호쇼칸(鳳翔館)에 전시되어 있다.

일반적으로 뵤도인을 감상하기에 가장 좋은 각도는 아지가이케(阿字池) 전면이다. 양쪽 지붕 끝이 대칭을 이루는 호오도(鳳凰堂)의 그림자가 연못에 비추고, 금백의 모래와 자갈이 주위를 둘러싸고 있다. 서방 극락정토사상을 전달하는 헤이안 시대의 전형적인 「정토 정원」은 뵤도인의 정원 규격이 후에 일본 사찰의 정원 조경에 영향을 주는데 큰 역할을 하였다.

지폐 위의 세계유산

- 봉황당 입장료 ¥300
- 9시30분~16시10분

일본 만엔 지폐에는 원래 꿩 도안이 있었지만, 2004년 가을부터 발행을 시작한 신권에는 한 쌍의 봉황이 있다. 바로 뵤도인(平等院) 호오도(鳳凰堂) 지붕 위에 있는 날개를 펴고 높이 날아오르는 봉황으로, 만엔권 지폐 외에도 쇼와 때부터 발행되기 시작한 십엔짜리 동전에서도 볼 수 있다.

다이고지
醍醐寺 Daigoji

- P146B3
- 지하철 도자이센(東西線) 다이고(醍醐)에서 도보 10분
- 교토시 후시미구 다이고히가시오지쵸(京都市伏見区醍醐東大路町22) (075)571-0002
- 산보인(三宝院) 9시~17시, 12~2월 ~16시.
- 입장료 대인 ¥600, 중고생 ¥300, 초등학생 이하 무료.(산보인 ¥600)

다이고지(醍醐寺)는 벚꽃의 계절에 가장 아름답다. 벚꽃의 수량이 많기도 하며(다이고지에는 700그루의 벚꽃나무가 있다), 그 늘어선 모습이 장관을 이룬다. 특히 오층탑 앞에 가지가 늘어진 벚꽃나무가 만개할 때는 분홍색 포렴을 드려놓은 것 같아 사람들이 발길을 떼지

우지가미신사
宇治上神社 Ujigamijinja

- P145B2
- JR나라센(奈良線), 케이한우지센(京阪宇治線) 이용, 우지(宇治)역에서 하차 후 도보 10분
- 교토부 우지시 우지야마다(京

토후쿠지
東福寺 Tohukuji

- P9C3
- JR나라센(奈良線), 케이한혼센(京阪本線) 이용, 토후쿠지(東福寺)역에서 하차
- 교토시 히가시야마구 혼마치(京都市東山区本町15-778)
- (075)561-0087
- 9시~16시(11월은 8시30분~16시30분)
- 무료 관람. 호죠정원(方丈庭園) ¥400, 츠텐쿄(通天橋), 후몬인(普門院) ¥400

13세기 쿠죠 미치이에(九条道家)가 나라의 토다이지(東大寺)와 코후쿠지(興福寺)에 버금가도록 두 사찰 이름에서 각각 한 글자씩 취해 토후쿠지(東福寺)라고 이름 지었다.

단풍철이 되면, 사람들은 키요미즈데라에 가기 전, 먼저 토후쿠지(東福寺)에 들른다. 특히 카이잔도(開山堂)를 지나는 츠텐쿄(通天橋)와 센교쿠칸(洗玉澗)에는 단풍나무

후시미 이나리타이샤
伏見稲荷大社

- P9C3
- 1.JR나라센(奈良線) 이나리(稲荷)역에서 도보5분 2.케이한혼센(京阪本線) 후시미이나리(伏見稲荷)역에서 하차
- 교토시 후시미구 후카쿠사야부노우치쵸(京都市伏見区深草薮之内町68)
- 연중개방 무료

일본어에서 이나리(稲荷)는 여우

못한다. 산몬(山門)에서 니오몬(仁王門)까지의 길을 사쿠라노바바(桜の馬場)라고 부르는데, 벚꽃이 만개했을 때 가지마다 가득한 꽃송이

들이 아주 볼 만하다.

다이고지에서는 매년 4월 둘째주 일요일에 유명한 다이고노하나미(醍醐の花見)가 열린다. 다이고노하나미(醍醐の花見)는 도요토미 히데요시가 거행했던 벚꽃 감상 행사로, 현재에도 변함없이 예부터 내려온 전통에 따르고 있다. 이날은 모모야마(桃山)시대 복장을 입고 1598년 3월 15일 당시에 거행된 다이고노하나미를 재현한다.

都府宇治市宇治山田59)
(075)21-4634
9시~16시30분 무료

우지가미신사(宇治上神社) 경내는 매우 엄숙하고 경건하며, 고풍스럽다. 소박한 건축양식으로 보아 연도는 헤이안시대의 것으로 추정되며, 일본에서 현존하는 가장 오래된 신사 건축물이다. 부토쿠산(仏徳山)과 우지가와 서안의 뵤도인과 마주보는 곳에 위치한 우지가미신사는 뵤도인을 보호하기 위해 지은 신사였지만, 후에는 부근 주민의 신앙 중심이 되었다.

가 많이 있어 주위가 온통 붉은 색으로 뒤덮인다.

그 외에, 토후쿠지호죠나이엔:핫소테이(東福寺方丈内苑: 八相庭) 또한 유명한 선종 정원으로, 정원의 동서남북이 각각 기묘하게 배치되어 있어 정교하고 아름답다.

카레산스이정원 枯山水庭園

좁고 기다란 호죠난테이(方丈南庭) 안에 거대한 돌로 호라이(蓬萊), 호죠(方丈), 에이쥬(瀛洲), 코료(壷梁)의 시센토(四仙島)를 만들고, 바닥에는 백사를 깔아 큰 바다를 표현하는 일본 정원 건축스타일이다.

를 가리키는 말로, 후시미 이나리타이샤는 전 일본 사만여 이나리신사(稲荷神社)의 총본산이자 참배행렬이 끊이지 않는 곳이다.

다른 나라에서는 여우의 이미지가 그다지 좋지 않지만, 일본에서는 오곡의 풍성한 수확과 생업의 번영을 도와주는 영물로 추앙받고 있다. 경내의 어디에서나 입에 벼이삭이나 곡물을 물고 있는 여우를 볼 수 있는데, 그 표정 또한 다양하고 재미있어 자세히 둘러볼 만하다.

센본토리이 千本鳥居

후시미 이나리타이샤(伏見稲荷大社) 후방에서 이나리 산(稲荷山)으로 통하는 오솔길에 터널처럼 이어져 장관을 연출하는 주홍색 토리이(鳥居)가 바로 센본토리이(千本鳥居)이다.

만푸쿠지

万福寺 Manpukuji

P145B1

JR나라센(奈良線), 케이한우지센(京阪宇治線) 이용, 오바쿠(黄檗)역에서 하차, 도보5분

교토부 우지시 고카쇼산방와리(京都府宇治市五ヶ庄三番割34)

(0774)32-3900

9시~16시30분

입장료 ¥500. 후챠요리(普茶料理) ¥5,250부터(3명이상은 사전예약 필수)

중국 명조 풍으로 건축된 만푸쿠

후시미모모야마 성

伏見桃山城 Fushimimomoyamajyo

케이한혼센(京阪本線) 후시미모모야마(伏見桃山)역에서 도보15분

교토시 후시미구 모모야마쵸오오쿠라(京都市伏見区桃山町大蔵45)

(075)611-5252

9시30분~17시(겨울 16시30분)

12~2월의 목요일, 12월 31일

입장료 ¥800

도요토미 히데요시(豊臣秀吉)가 자신의 위대한 공적을 과시하기 위해 지은 것이다. 일본 역사와 관련된 성곽 중 수위를 다투는 화려한 성루였지만, 도요토미 일가의 패망과 함께 훼손되어 갔다.

오늘날의 모모야마 성(桃山城)에는 1942년 재건된 두 개의 천수각이 있는데, 모두 철근 콘크리트로 만들어졌다. 비록 옛 모습을 잃어버렸지만, 교토 전경을 보기에는 아주 좋은 장소이다.

지(万福寺)의 주지는 창립자인 명조 은원선사(隱元禪師)로부터 13대 주지까지 모두 바다를 건너온 중국인들이었다. 그래서 절 안에서 판매하는 후챠요리(普茶料理)에서도 매우 중국적인 분위기가 느껴진다.

만푸쿠지의 회랑에는 거대한 목어(木魚)가 걸려 있는데, 이것은 시간을 알릴 때 사용되기도 하고, 수행자가 태만하고 산만해지지 않도록 각성시킬 때도 사용된다. 또 입에는 인간의 번뇌를 상징하는 나무로 만든 진귀한 구슬을 물고 있다.

후챠요리 (普茶料理)

만푸쿠지의 후챠요리는 은원선사가 중국에서 전해온 것으로 알려져 있다. 차를 마신 후 먹는 중국풍의 채식 요리로, 육식요리를 모방한 스타일이지만, 모두 맛이 깔끔한 채소와 과일로 만든 것이다.

명소

우지겐지모노가타리 뮤지엄

宇治源氏物語 Museum

- P145B2
- JR나라센(奈良線), 케이한우지센(京阪宇治線) 이용, 우지(宇治)역에서 하차, 도보15분
- 교토부 우지시 우지히가시우치(京都府宇治市宇治東内 45-26)
- (0774)28-0200　9시~17시
- 매주 월요일, 연초연말
- 입장료 ￥500

우지겐지모노가타리 뮤지엄(宇治源氏物語Museum)에 들어서면, 먼저 초대형 텔레비전 스크린이 눈에 들어오는데, 아름다운 화면과 배경음악은 사람들을 깊이 빠져들게 한다. 전시실은 그다지 많지 않지만, 우지쥬죠(宇治十帖)와 관련된 문물과 모형이 있어, 책속의 세계와 가까워질 수 있게 해준다.

◎겐지모노가타리(源氏物語) : 11세기에 여류작가 무라사키 시키부(紫式部)가 쓴 고전소설로, 상류사회 인사들의 애정과 삶을 여성 특유의 유려한 문체로 표현하였다.

◎우지쥬죠(宇治十帖) : 겐지모노가타리의 주인공 히카루 겐지(光源氏) 후손들의 이야기로 우지를 배경으로 하고 있다.

미무로토지

三室戸寺 Mimurotoji

- P145B2
- 케이한우지센(京阪宇治線) 미무로토(三室戸)역에서 도보20분
- 교토부 우지시 토도시가다니(京都府宇治市菟道滋賀谷21)
- (0774)21-2067
- 8시30분~16시30분(11월 1일~3월 31일은 16시까지, 보물관은 매일 17일만 공개)
- 입장료 ￥500, 보물관 ￥300

미무로토지(三室戸寺)는 나라(奈良)시대에 창설된 사찰로, 33개의 관음 참배지 중 하나이다. 노송나무 숲으로 둘러싸인 5000여 평의 큰 정원에는 30여종의 수국이 약 1만 그루가 심어져 있어, 장마 때가 되면 활짝 피어난다. 5월에는 2만 그루에 달하는 철쭉꽃이 피며, 7월의 연꽃과 가을의 단풍이 상당히 유명하다.

비샤몬도

毘沙門堂 Bishyamondo

- P144
- JR나라센(奈良線), 케이한혼센(京阪本線)이용, 야마시나(山科)역에서 하차, 도보17분
- 교토시 야마시나구 안슈이나리야마쵸(京都市山科区安朱稲荷山町19)
- (075)581-0328
- 8시30분~17시(12월~2월~16시30분)
- 입장료 ¥500

야마시나(山科)의 비샤몬도(毘沙門堂)는 벚꽃과 단풍 모두 아름답지만, 벚꽃으로 더욱 유명하다. 특히 신전 앞에 있는 백년 된 시다레자쿠라(枝垂桜)는 교토에서 유명한 벚꽃 중 하나이다.

비와코(琵琶湖) 위의 고쿠라쿠바시(極樂矯)를 넘어가면, 호수를 따라 피어나는 벚꽃을 볼 수 있다.

비샤몬도는 전쟁으로 인해 황폐해졌다가, 17세기 이르러 재건된 후 청정한 사찰의 모습을 유지하고 있다. 교토에서 유일하게 레이뵤(霊廟) 양식으로 지어진 장대한 카라몬(唐門) 넘어 활짝 피어난 시다레자쿠라가 보이는데, 이 풍경은 경내 유일의 자랑거리가 되었다.

죠난구

城南宮 Jonangu

- P9C3
- 킨테츠교토센(近鉄京都線) 타케다(竹田)역에서 도보 15분
- 교토시 후시미구 나카지마토바리큐쵸(京都市伏見区中鳥羽離宮町7)
- (075)623-0846
- 경내 자유 참관(영락원 9시~16시30분)
- 입장료 ¥500
- www.jonangu.com

천백 년 전의 헤이안 시대 귀족 풍의 건축물을 재현한 것으로, 정원에는 겐지모노가타리에 등장하는 나무와 꽃들이 심어져 있어, 우아함을 더해준다. 매년 4월 29일과 11월 3일 오후 2시에 헤이안 귀족들이 즐겨하던 시를 읊고 노래를 하며, 수면위에 술잔을 띄우는 놀이인 쿄쿠스이노엔(曲水の宴)을 재현한다.

즈이신인

隨心院 Zuishinin

- P146B2
- 지하철 토자이센(東西線)오노(小野)역에서 도보5분
- 교토시 야마나시구 오노교료쵸(京都市山科区小野御霊町35)
- (075)571-0025
- 9시~16시30분
- 입장료 ¥400

즈이신인(隨心院)은 키타노텐만구와 더불어 매화꽃 감상 명소로 유명하다. 붉은색 매화도 유명하지만, 하네즈오도리(はねず踊り) 또한 절대 놓쳐서는 안 될 기념행사이

센뉴지

泉涌寺 Sennyuji

- P9C3
- 교토(京都)역에서 시영버스 208번 승차, 센뉴지미치(泉涌寺道)에서 하차, 도보15분
- 교토시 히가시야마구 센뉴지야마노우치쵸(京都市東山区泉涌寺山内町27)
- (075)561-1551
- 9시~16시30분(12~2월~16시)
- 입장료 ¥500 (어전, 정원은 ¥300 추가)

교토사람들은 센뉴지(泉涌寺)를 습관적으로 미데라(御寺)라고 부른다. 코보대사(弘法大師)가 창건한 센뉴지의 특이한 점은 양귀비의 묘가 있다는 것이다. 일본인들은 절세미인 양귀비의 아름다움을 최고로 여기고, 어떤 이들은 그녀가 일본으로 건너온 후에 죽었다고 믿기도 한다. 대문에서 바라보는 불전, 사리전의 참배 길은 길게 안쪽으로 뻗어 있다.

센뉴지의 불전은 17세기 당나라의 건축양식을 본떠서 재건한 것으로, 카가미텐죠(鏡天井) 위에는 일본의 유명 화가 *카노 탄유(狩野探幽)가 그린 용이 있으며, 벽 위쪽에는 백의관음상이 그려져 있다.

*카노 탄유(狩野探幽)

에도 초기의 화가. 담백한 화풍으로 에도 카노파 발전의 기초를 다졌다.

다. 원내에 무대를 만들고, 음악과 춤이 어우러지는데, 특별히 훈련된 어린 무용수들이 선명한 색상의 고전 의상을 입고 춤을 추어 보는 이들의 눈과 귀를 즐겁게 한다. 즈이신인 앞에 위치한 만쥬테타치바나(萬寿亭橘)는 이미 4백년의 역사를 지닌 옛 정취가 가득한 건축물로, 예전에는 즈이신인의 저택이었다. 이곳에서 판매하는 텐자루소바(天ざるそば:새우튀김과 대나무용기에 담은 차가운 면이 함께 나옴)는 양도 충분하여 가장 사랑받는 음식이므로 꼭 한번 먹어보자.

식당

타이호안
対鳳庵

- P145B2
- JR나라센(奈良線) 우지(宇治)역에서 도보 8분
- 쿄토부 우지시 우지토가와(京都府宇治市宇治塔川2)
- (0774)23-3334
- 10시~16시
- 12월 21일~1월 9일
- 맛차 + 화과자 ¥500

타이호안은 시정부가 다도를 알리기 위해 세운 곳이다. ¥500을 지불하면 기모노를 입은 여성이 20분 정도 차를 서비스해준다. 이곳에서는 부담 없이 맛차 문화를 체험해볼 수 있다.

이토큐에몬
伊藤久右衛門

- P145B2
- JR나라센(奈良線) 우지(宇治)역에서 도보15분
- 쿄토부 우지시 토도아라마키(京都府宇治市菟道荒槇19-3)
- (0774)23-3993
- 10시~19시
- 연중무휴
- www.itohkyuemon.co.jp

오랜 역사의 우지차 도매점이다. 가격이 저렴하며, 최고급의 교쿠로(玉露)와 센차(煎茶)를 다른 곳의

나카무라 토키치 본점
中村藤吉本店

- P145A2
- JR나라센(奈良線) 우지(宇治)역에서 도보 3분
- (0774)22-7800
- 10시~18시(차 마시는 시간 11시부터)
- 연중무휴
- www.tokichi.jp

1859년에 창업한 나카무라 토키치는 우지차를 판매하는 오랜 역사의 점포이다. 대나무 통에 들어있는 고급 우지맛차로 만든 아이스크림(¥500) 및 초콜릿(20개 ¥1,000) 등 차향이 가득한 스위트 디저트들을 맛볼 수 있다.

교토 탐구
니혼차 日本茶

교토는 일본차의 발원지이다. 800여 년 전 카마쿠라(鎌倉) 시대, 에이사이(榮西)선사가 송나라에서 차종을 가져와 코잔지(高山寺)에 있는 친한 친구 묘에이(明惠)대사에게 주어 심게 했는데, 재배에 성공하면서 다도가 점점 보급되어 일본 문화의 일부분이 되었다. 에이사이는 킷사요죠키(喫茶養生記)에서 차의 신묘한 작용과 제조방법을 소개하기도 했다.

묘에이대사가 코잔지의 차종을 우지로 가져와 재배하면서, 우지는 일본 전역에서 가장 지명도 높은

라쿠난

식당

차 생산지가 되었다. 바로 최고급의 센차(煎茶), 교쿠로(玉露), 맛차(抹茶)의 생산지 중 한 곳이 된 것이다.

십분의 일 가격으로 구입할 수 있다. 맛차롤케이크, 맛차다이후쿠, 맛차치즈케이크 등, 맛있는 스위트 디저트의 진하고 풍부한 맛이 입에 착 감긴다.

H 숙박

모모야마온센츠키미칸
桃山温泉月見館

- 케이한혼센(京阪本線) 이용, 츄쇼지마(中書島)역에서 케이한우지센(京阪宇治線)으로 환승 후 칸게츠쿄(観月橋)역에서 하차, 도보1분
- 주소누락
- (075)611-0284
- (075)611-0286
- 1박 2식 ¥18,900부터
- www.tsukimikan.jp

호텔 브라이튼 시티 야마시나
Hotel Brighton City Yamashina

- JR비와코센(琵琶湖線) 야마시나(山科)역에서 하차
- 교토시 야마시나구 안슈사지키쵸

(京都市山科区安朱桟敷町23)
- (075)502-1111 (075)502-1090
- 1인실 ¥6,000~¥9,000, 2인실 ¥8,500~¥13,500
- www.brightonhotels.co.jp/yamashina

어번 호텔 교토
Urban Hotel Kyoto

- 1.JR나라센(奈良線) 이나리(稲荷)역에서 도보10분 2.한큐혼센(阪急本線) 후카쿠사(深草)역에서 도보5분
- 교토시 후시미구 후카쿠사니시우라쵸(京都市伏見区深草西浦町4-59)
- (075)647-0606 (075)647-0828
- 1인실 ¥7,140~¥8,085, 2인실 ¥12,600~¥14,175
- uh-urban.com/kyoto

아마노하시다테

天橋立 Amanohashidate

멋진 바다풍경, 유구한 역사, 맛있는 음식에 최근 새로 개발된 온천으로 아마노하시다테는 교토 북부의 매력적인 인기 명소로 자리 잡았다. 아마노하시다테와 마츠시마(松島), 미야지마(宮島)는 일본의 삼경(三景)이다. 특히 아마노하시다테에는 3.6킬로미터의 긴 백사장이 S자의 형태로 미야즈 만(宮津灣)의 서쪽을 가로지르며, 청송이 많아 녹색과 청색 빛이 어우러진 아름다운 곳이다. 예부터 이곳은 아름다운 자연경관으로 많은 전설이 전해내려 오는데, 현지 사람들이 긴 백사장은 바로 천신이 땅에 다리를 세운 것이라고 믿어 그 이름이 아마노하시다테가 되었다고 한다.

◉ 명소

치에노유
智恵の湯 Chienoyu

- P157A2
- 아마노하시다테(天橋立)역 맞은편
- (0772)22-1515
- 10시~22시(21시까지 입장가능)
- 매월 첫째, 셋째 주 수요일

- 💲 입장료 대인 ¥600, 중고생 ¥300(족탕은 무료)

아마노하시다테에는 천연온천이 많다. 그중 아마노하시다테 기차역 앞에는 공중온천욕장인 치에노유(智恵の湯)가 있다. 무미(無味)하고, 옅은 갈색이며, 탄산수소나트륨을 함유하고 있어, 입욕 후에는 피부가 매끈거리는 느낌이 든다. 만약 입욕을 원하지 않는다면, 무료로 제공하는 족탕에 발을 담가보는 것으로도 충분히 즐거울 것이다.

이네후나야
伊根舟屋

- 아마노하시다테 기차역 앞에서 노선버스 승차, 이네쵸(伊根町)에서 하차
- 이네마치관광협회 www.kankou-ine-kyoto.jp

이네후나야(伊根舟屋)는 일본에서 보기 드문 수상 가옥이 장관을 이루는 곳으로 이층 목조 건물이 해안을 따라 세워져 있다.

탄고(丹後)반도 이네쵸(伊根町) 지역은 해안의 삼면이 산에 둘러싸여있고, 해안 가운데에 작은 섬들

교통정보

◎ 교토(京都)역에서 JR특급 하시다테호(橋立号)승차, 아마노하시다테(天橋立) 역에서 하차. 약 2시간 소요. 요금 4,380￥. 아마노하시다테(天橋立)역에서 카사마츠공원(傘松公園)까지 이어지는 아마노하시다테의 경관을 보려면 관광유람선을 이용. 맞은편 해안에 도착, 다시 케이블카를 탑승. 산비탈에 있는 카사마츠공원에 도착

이 자연적으로 방파제 역할을 하기 때문에 조용하고 파도가 없으며, 만조 수위도 높지 않아 수상가옥이 형성될 수 있었다. 수상 가옥의 1층에는 어민들의 배를 정박 할 수 있는 창고가 있고, 이층은 주거용 공간이다. 평소에는 1층에서 곧바로 바다로 나갈 수 있는 독특한 수상 가옥문화를 형성했다.

현재 수상 가옥은 약 230동 정도가 있고, 그중 20가구에서 민박집을 운영하며, 신선한 이네(伊根)방어, 도미, 넙치요리를 제공한다.

카사마츠 공원

傘松公園

- P157A1
- 아마노하시다테(天橋立)역에서 관광유람선 승선, 다시 산기슭에 있는 카사미츠 공원까지 케이블카 이용
- 케이블카 편도 대인 ￥320, 어린이 ￥160

　카사마츠 공원(傘松公園)에서는 아마노하시다테의 전경을 한눈에 볼 수 있다. 그중 재미있는 것이 마타노조키(股のぞき)라는 것으로 정해진 위치에서 머리를 무릎에 대고 거꾸로 아마노하시다테의 경관을 바라보면 정말 하늘에서 만든 다리 같다는 생각이 들게 만든다.

식당

칸시치챠야 치에노모치

堪七茶屋知恵の餅

- P157A1
- 아마노하시다테(天橋立)역에서 운하 방향으로 도보5분
- 교토부 미야즈시 몬쥬(京都府宮津市文珠471-1)
- (0772)22-2105

　치온데라(智恩寺)옆에 늘어선 여러 찻집에서 판매하는 치에노모치(知恵の餅)는 참배객들이 반드시 맛보아야 하는 명물이다. 몬쥬(文珠)보살이 이 과자 안에 지혜를 넣어두어서, 먹은 사람은 지혜가 더욱 많아진다는 전설이 있다.

숙박

아마노하시다테온천 와인토오야도치토세

天橋立温泉 ワインとお宿千歳

- P157A2
- 아마노하시다테(天橋立)역에서 운하방향으로 도보 5분
- 교토부 미야즈시 몬쥬(京都府宮津市文珠472)
- (0772)22-3268　(0772)22-3389
- 1박 2식 1인당 ￥16,500부터(2인 1실)
- www.amanohashidate.org/chitose/

　아마노하시다테에서의 1박 2일의 여행 일정 중 와인토오야도치토세(ワインとお宿千歳)같은 곳은 젊은 여성들에게 숙박장소로 인기가 좋다. 이곳의 객실은 정교하고 아름다운 멋이 있다. 윤이 나는 마루에는 부드러운 침대가 놓여있고, 드라이플라워 무늬의 화지(和紙)로 만든 전등갓에서 새어나오는 은은한 불빛과, 하얗게 칠한 벽과 검은 대들보 등 고상한 디자인이 시선을 끈다. 또 고풍스러운 나무 욕조, 암석 욕조 등의 온천시설과 현지에서 나는 신선한 해산물요리는 만족스러운 휴가를 선사할 것이다.

미야마

美山 Miyama

미야마는 교토에서 차를 타고 2시간 반 정도 걸리는 곳으로, 일본에서는 보기 이미 어려운 일본 전통 초가집촌락 보존구역이다. 특히 북측 초가집 보존구역에는 38동이 모여 있는데, 내부에는 전통화로와 부뚜막이 아직 보존되어 있어 독특한 멋을 간직하고 있다. 미야마가 가장 아름다울 때는 4월 초순 벚꽃이 만개할 때이다. 초가집 옆으로 연분홍색의 시다레자쿠라(枝垂桜)가 만개하고, 집 앞에는 수선화와 시바자쿠라(芝桜)가 피어, 봄의 낭만이 가득한 전원 풍경이 사람들을 도취시킨다.

교통정보

◎ JR산인혼센(山陰本線) 이용, 와치(和知)역에서 미야마쵸(美山町) 버스로 환승, (北村)에서 하차. 40분소요. 요금 ￥2,290

◉ 명소

카지카소
河鹿荘

🧭 P160B1
🚌 JR와치(和知)역에서 미야마쵸(美山町) 버스 승차, 치미구치(知見口)에서 하차
🏠 교토부 난탄시 미야마쵸나카(京都府南丹市美山町中下向56)
☎ (0771)77-0014
📠 (0771)77-0020
💲 1박 2식 평일 1인당 ¥7,350부터, 휴일 1일전 1인당 ¥8,400부터
🌐 www.canszaq.ne.jp/m-kajika

카지카소(河鹿荘)는 일본식 전통 초가집은 아니지만, 자연에서 얻은 재료를 사용하여 만든 산채요리와 장미꽃잎을 띄운 노천온천으로 관광객들에게 사랑을 받고 있다.

이곳에서는 미야마 부락민들이 직접 만든 과일잼이나 츠케모노 등의 특산품도 구입할 수 있다.

H 숙박

키무라
木村

- P160A1
- JR 와치(和知)역에서 미야마쵸(美山町) 버스 승차, 오노(大野)에서 하차 후 도보 3분
- 교토부 난탄시 미야마쵸오노(京都府南丹市美山町大野字広田17)
- (0771)75-0108
- (0771)75-0108
- 1박 2식 1인당 ¥8,500~¥12,000(2인 1실)

일본 전통 초가집에 있던 오래된 창고를 개조하여 방을 만들었다. 화로를 이용한 구운 닭요리를 맛볼 수 있다.

마타베
MATABE

- P160B1
- JR 와치(和知)역에서 미야마쵸(美山町) 버스 승차, 키타무라(北村)에서 하차
- 교토부 난탄시 미야마쵸(京都府南丹市美山町大字北小字下牧25)
- (0771)77-0258
- (0771)77-0393
- 1박 2식 1인당 8,000¥부터(2인 1실)

마타베는 북측 초가집 보존구역 안에 있다. 경치가 맑고 아름다울 뿐만 아니라 민박집 주인이 직접 재배한 야채, 과일과 민물고기를 이용하여 만든 가정식 향토 요리를 맛볼 수 있다.

교토 여행 정보
Kyoto information

기본 정보
- 국명 : 일본
- 정식국명 : 일본국
- 수도 : 도쿄(Tokyo)
- 언어 : 일본어
- 종교

 신도교를 믿는 사람이 가장 많으며, 그 외 불교, 천주교 등이 있다.
- 환경과 지리

동북아시아에 위치한 섬나라로, 네 개의 큰 섬 홋카이도, 혼슈, 큐슈, 시코쿠와 많은 작은 섬들로 이루어졌다. 서쪽은 동해, 대한해협, 중국 동해와 인접하고, 동쪽은 태평양과 인접하다. 험준한 산맥과 화산이 많으며, 연해는 좁은 평원으로 이루어졌다.
- 환률

 일본 ￥100이 약 977원 정도
- 화폐

일본은 ￥엔화. 지폐는 ￥10,000, ￥5,000, ￥2,000, ￥1,000, 동전은 ￥500, ￥100, ￥50, ￥10, ￥5, ￥1이 있다.
- 우편 행정

우체통은 빨간색, 초록색 두 가지가 있는데, 빨간색은 현지 우편물, 초록색은 국외 우편물(어떤 지역은 빨간색 우체통만 있는 곳도 있음). 우체국 운영시간 – 월요일~금요일 9시~19시, 토요일 9시~17시. 항공우편엽서 요금 ￥70, 항공 편지 요금￥90(10그램 이하로 제한, 아시아 국가로 보낼 때, 호주, 뉴질랜드는 불 포함 10그램 이상은 10그램 당 ￥60 추가)

- 전화

시내 통화 요금은 45초당 ￥10이고, 편의점과 전화카드 자동판매기에서 전화카드를 살 수 있다. 카드는 ￥500과 ￥1,000 두 종이 있고, 동전 투입 전화에는 ￥10 또는 ￥100을 사용한다.

국제전화를 걸 때, 우선 001(일본의 대표적인 전화 회사 번호) –010–국가번호–지역번호(0은 뺀다)–전화번호를 누른다.
- 시차

시차 없음
- 상점 영업시간

상점마다 다르지만, 일반적으로10

시~19시 또는 20시까지 영업하는 상점이 많은 편이다.

기후

· 봄(3~5월)
기온이 상승하기 시작했지만, 간혹 추워지기도 하여 10도 이하일 때도 있으니 보온에 주의해야 한다.

· 여름(6~8월)
여름은 아주 무덥다. 30도 이상인 날이 적지 않고, 7월 하순에서 8월 초는 35도를 넘기도 한다.

· 가을(9~11월)
시원하고 상쾌하여 기분이 좋고, 얇은 외투, 털옷을 준비할 때다.

· 겨울(12~2월)
츄고쿠(中国), 시코쿠(四国), 칸사이(関西), 츄부(中部), 도쿄(東京) 등지의 겨울은 한기가 심하고, 바람이 아주 차지만, 적설량이 제한적이다. 토호쿠(東北), 홋카이도(北海道), 호쿠리쿠(北陸) 지역은 눈이 많이 내린다.

비자와 여권 유효기간 규정
일본은 비자 없이 90일간 여행가능

비자 면제 해당사항
대상 : 유효기간이 충분한 여권을 소지한 자
입국 목적 : 관광, 비즈니스, 친지 방문 등 단기적으로 머물기 위해 입국 시(단 취업 등이 목적일 시, 비자 면제 대상 아님)

체류기간 : 90일을 넘기면 안 됨
출발지, 입국지점 : 특별 규정 없음

교통 정보

· 오사카 · 칸사이 국제공항
오사카(大阪), 교토(京都), 킨키(近畿), 시코쿠(四国), 츄고쿠(中国) 등, 모든 일본국내 노선이 오사카의 칸사이 국제공항에서 운영되고 있다.
◎칸사이국제공항 : www.kansai-airport.or.jp

· 공항에서 시내로 가는 교통
◎전차
공항에서 JR특급 하루카「HARUKA」 이용 , 30분 간격으로 출발하며, 교토까지 직행한다.

· 승차장소 : 2층 국내입국청사 밖
· 소요시간 : 72분
· ¥3,490

◎공항 리무진버스
1층 국제선 입국 청사 밖에서 공항 리무진버스를 타면 교토 기차역 하치죠구치(八条口)까지 직행한다. 귀국 시 공항으로 올 때는 교토역 하치죠구치(八条口) 건너편 한큐백화점(阪急百貨店) 앞에서 승차. (승차권 구매 및 예약: 한큐백화점 1층 서비스센터)

· (075)682-4400(9시~19시)
· 시간 : 90분(예약제)
· ¥2,300
· 칸사이공항 리무진교통주식회사
www.kate.co.jp

1일 승차카드

1일 승차카드	가격	사용구간
교토 관광 1일 승차카드	¥1,200 ※2일 카드 ¥2,000	시영버스, 지하철의 전 구간 및 교토 버스의 부분 지정구간 승차가능시영버스 전용
1일 승차카드	¥500	교토시내 주요 운행구간의 시영버스 승차가능(즉, 요금 ¥220의 기본구간)쿠라마, 기부네
쿠라마, 기부네 1day카드	¥1,140~¥1,540 (승차 기점에 따라 다름)	1일 내 에이잔전철 무제한이용가능, 케이한전차노선 전역에서 데마치야나기역까지 왕복이용가능, 에이잔천철노선 전역에 걸친 40여 곳의 관광시설 이용 우대
우즈마사영화촌, 아라시야마, 사가노 유람 승차카드	¥2,400	교토 역 또는 산죠케이한 역에서 시영버스 이용, 아라시야마, 다이카쿠지, 니시호지, 스즈무시데라 구간승차 가능, 구간 내 승하차 자유
아라시야마 1일 자유 승차카드	¥650	케이후쿠전철 아라시야마혼센과 키타노센 무제한승차가능, 토에이우즈마사영화촌 등, 총 8개 관광시설 이용우대
히에이잔 1day카드	¥1,720~¥2,000 (시작 역에 따라 다름)	케이한전차 전역에서 케이블히에이잔쵸역 왕복권, 히에이잔 내의 관광셔틀버스를 무제한 승차가능(지정된 일반 관광 구역 내)

교토시내 교통
◎ 버스

일본의 모든 버스는 운행시간이 매우 정확하지만, 교토에 관광객들이 집중되는 봄과 가을 두 계절과 학생들의 수학여행 시즌에는 시내 도로에 정체가 잦아 버스도 정류장에 표시된 시간보다 5분정도 늦게 도착한다. 버스는 후문으로 승차 하고, 내릴 때는 앞문으로 내리면서 차비를 내거나 승차권을 넣는다. 유명한 지역을 지나는 시영버스는 거의 교토 역 앞에서 승차 가능한데, 버스의 행선지가 뚜렷하게 표시된 간판들이 있다.

· 시영버스

시내에 80여개 노선의 시영버스가 운행되고 있으며, 고정된 구역범위 내에서는 거리에 관계없이 ￥220이다. 만약 하루에 3번 이상 이용할 계획이라면, ￥500에 살 수 있는 「시영버스 전용 1일 승차권」을 구입하는 것이 좋다. 이 승차권은 교토 역 앞 버스환승장의 판매기 또는 교토 역 앞「시영버스, 지하철 안내소」에서도 판매하는데, 「시영버스, 지하철 안내소」에서는 무료로 시영버스 노선 지도도 받을 수 있다.(영어와 일본어가 있음)

다음은 명소와 연결된 시영버스 노선 3가지 :

1. 100번 : 교토 관광의 핵심명소 경유, 배차간격 10분, 운행 노선「교토 역~산쥬산겐도~키요미즈데라~야사카신사~헤이안진구~에이칸도~긴카쿠지」
2. 101번 : 운행 노선「교토역~니죠죠~키타노텐만구~킨카쿠지~다이토쿠지」
3. 102번 : 운행 노선「긴카쿠지~교토고쇼~키타노텐만구~킨카쿠지~다이토쿠지」

· 교토 버스

교토 버스의 주요 정류소는 아라시야마, 우즈마사, 오하라, 쿠라마데라, 키부네신사, 다이카쿠지, 코케데라, 산젠인, 쟉코인이고, 교토 역, 산죠케이한, 시죠카와라마치, 키타오지, 데마치야나기역 앞에서 승차 가능하다. 교토시내 구간 기본요금은 ￥220이며, 만약 교토외곽으로 간다면 승차 시 구간(區間)카드를 한 장 뽑아야 한다. 기사의 자리 위쪽에 있는 전광판에 해당구간의 추가 금액이 표시된다.

· JR버스

JR버스의 주요 정류소는 타카오쵸의 코잔지, 진고지이고, 교토 역에서 승차가능하다. 교토 시내 구간 기본요금은 ￥220이며, 만약 교토 외곽으로 간다면 승차 시 구간(區間)카드를 한 장 뽑아야 한다. 기사의 자리 쪽에 있는 전광판에 해당구간의 추가 금액이 표시된다. 타카오쵸까지 승차요금은 ￥500이다.

여행정보

· 케이한버스

케이한버스의 주요 정류소는 야마시나, 다이고, 오츠, 히에이잔이고, 산죠케이한, 시죠카와라마치역에서 승차 가능하다. 승차요금은 ￥210부터 시작한다.

◎ 지하철

교토에는 남북방향의 「지하철 카라스마센」과 동서방향의 「지하철 토자이센」이 있다. 지하철 카라스마센은 교토 역의 지하 1층에서 이용 가능하고, 카라스마오이케역에서 토자이센으로 환승할 수 있다. 교토시내를 관광할 때, 지하철과 버스가 결합된 연결 노선을 이용할 수 있는데, 특히 도로가 정체되기 쉬운 봄가을 두 계절에 지하철을 이용하면 시간을 절약할 수 있다.

◎ 철도

· JR철도

사가노 방면: 교토 역에서 JR사가노센(산인혼센) 승차
나라, 후시미이나리타이샤, 우지 방면: 교토 역에서 JR나라센 또는 킨테츠센 승차

· 한큐전철

한큐전철 교토센은 오사카의 우메다역과 교토 시내의 카와라마치역과 연결되어, 오사카시 중심에서 교토 중심까지 운행되는 가장 편리한 노선 중 하나이다. 카츠라 역에서 한큐아라시야마센으로 환승하면 아라시야마까지 갈 수 있다. 카라스마역에서 지하철 카라스마센으로 환승하기도 매우 편리하다.

· 케이한전철

케이한혼센은 산죠역에서 지하철 토자이센의 산죠케이한역과 서로 교차된다. 케이한혼센을 이용해 데마치야나기역에 도착, 에이잔전철로 환승하면 키부네, 쿠라마와 히에이잔엔랴쿠지에 갈 수 있다.

· 케이후쿠전철

아라시덴「嵐電」이라는 애칭으로 불

숙박 정보

인터넷 예약			
	홈페이지	특징	비고
일본 숙박정보	www.e-stay.jp/k/	약1,000곳의 일본 료칸 정보제공	지역, 예산, 객실 종류 등의 조건입력, 적합한 숙박시설 검색, 온라인 즉시 예약도 가능
라쿠텐 Travel	www.travel.rakuten.co.jp/	일본 최대 인터넷 숙박 예약 사이트, 일본 전국의 20,000여 소형호텔, 비즈니스 호텔과 료칸의 정보제공	회원가입 필수, 가입 후 사이트에서 예약가능
야도죠쥬	www.yadojozu.ne.jp	일본 각지 약 11,000곳의 숙박시설 정보 및 료칸의 외관, 객실과 온천시설의 사진제공	별도의 회원 가입 없이, 바로 전화 예약 가능
일본야후	traverl.yahoo.co.jp	10,000여 곳의 호텔, 료칸, 민박과 온천료칸의 정보제공	별도의 회원 가입 없이, 바로 전화 예약 가능
쟈란	www.jalan.net	일본 전국 약 5,000곳의 숙박시설 정보 제공	별도의 회원 가입 없이, 바로 전화 예약 가능

리는 케이후쿠전철은 교토에서 가장 특별한 도로 전차이다. 주요 노선으로는 교토 시내의 시죠오미야역과 아라시야마역을 연결하는 아라시야마혼센과 닌나지, 묘신지, 키타노텐만구 구간을 왕복하는 키타노센이 있다.

· 에이잔전철

기점은 데마치야나기역이다. 에이잔전철 쿠라마센은 기부네, 쿠라마를 왕복하고, 에이잔전철 에이잔센을 이용, 야세히에이잔구치역에서 하차 후 케이블카로 갈아타면 히에이잔엔랴쿠지까지 갈 수 있다.

◎ 인력거

키요미즈데라, 난젠지, 코다이지, 아라시야마 등의 관광명소에서 인력거를 탈 수 있다. 매일 쉴 새 없이 교토 내를 왕복하는 인력거 기사들은 가장 훌륭한 관광가이드라고 할 수 있다. 주로 일본어를 사용하지만, 간단한 영어도 가능하다. 차비는 한 구간(약 1km) 1인 ¥2,000, 2인 ¥3,000

◎ 택시

만약 교토 시내에서 가까운 거리를 갈 때, 3~5인이 같이 탈 경우, 택시비는 버스비에 비해 그다지 비싸지는 않다. 가령 5인이 교토역에서 키요미즈데라로 갈 때, 택시를 타면 약 ¥820, 시영버스를 탄다면 ¥220 ×5인=¥1,100

◎ 특별 할인 승차권

특별우대승차카드(P.164참고)는 기차역 내의 판매기와 관광안내소에서 판매한다.

여권 발급 요령

출국을 하려면 누구나 여권을 발급받아야 한다. 여권에는 1년의 유효기간 동안 1회의 해외여행이 가능한 단수여권과 10년의 유효기간 동안 횟수에 제한 없이 해외여행을 할 수 있는 복수여권이 있다. 특별한 사유가 없는 여행자는 해외여행을 할 때마다 여권을 발급받을 필요 없이 복수여권을 발급받는 것이 경제적이다.

2005년 9월 30일 이전에 발행된 구여권은 유효기간 동안 사용이 가능하다. 신여권 제도로 바뀌면서 기존의 유효기간 연장 제도가 폐지되었으므로 연장 가능한 구여권에 대해 신여권 발급 신청서를 작성하면 5년 유효기간의 신여권을 발급받을 수 있다.

여권 발급 구비서류

- 여권 발급 신청서
- 최근 3개월 이내에 찍은 여권사진(3.5cm X 4.5cm)
- 주민등록등본 1부
- 주민등록증 또는 운전면허증
- 대리신청의 경우 본인의 위임장과 주민등록증 및 그 사본과 대리인의 주민등록증이 필요하다.
- 만 18세 미만의 경우 부모의 여권발급동의서 및 동의인의 인감증명서가 요하다.

여권 발급비용

- 복수여권 – 55,000원
- 단수여권 – 20,000원
- 구여권 ⇨ 신여권(5년) – 15,000원

여권 발급기관

- 서울 : 종로구청, 노원구청, 강시구청, 영등포구청, 동대문구청, 강남구청, 송파구청.
- 지방 : 각 시청과 도청의 여권과

일본 내 한국 관련 기관

주일 한국 대사관

🏠 日本国東京都港区南麻布 1-2-5
☎ (81-3)3452-7611/9
　(81-3)3452-7617(휴일, 긴급)
📠 (81-3)5232-6911
🌐 http://jpn-tokyo.mofat.go.kr/
대사관 영사부

- 東京都港区南麻布 1-7-32
- (81-3)3455-2601~4
  (81-3)3452-7617(휴일, 긴급)
- (81-3)3455-2018

한국 내 일본 관련 기관

주한 일본 대사관
- 서울시 종로구 중학동 18-11
- (02)2170-5200
- (02) 734-4528
- http://www.kr.emb-japan.go.jp/

주한 일본 대사관 영사부
- 서울시 종로구 수송동 146-1 이마빌딩 7층
- (02)739-7400
  (02)736-6581(자동응답전화)
- (02)739-7410

그 밖의 필수 아이템

여행자보험
여행자보험이란 여행을 끝마치고 귀국할 때까지 생긴 사고에 대한 보상을 해주는 일회성 보험이다. 보험신청은 보험회사 화재부와 여행사를 통해 할 수 있으며, 공항의 여행보험 판매계에서 출국 직전에도 쉽게 할 수 있다. 보상금에 따라 보험금의 차이가 있지만 보통 2만원 가량의 보험금이 지출된다.

국제운전 면허증

해외여행을 위한 여권 소지자는 약간의 수수료와 간단한 절차를 통해 국제 운전면허증을 국내에서 발급받을 수 있으며, 해외에서 사용할 수 있다.
- **발급장소** : 거주지 관할 운전면허 시험장
- **구비서류** : 운전면허증, 여권, 여권사진 2매
- **유효기간** : 1년

국제학생증
학생인 경우에는 국제학생증 (International Student Identity Card)을 발급받아 떠나는 것이 좋다.

국제학생증을 제시하면 박물관, 미술관, 극장, 레스토랑 등에서 여러 가지 할인혜택을 받을 수 있다. 한국에서 국제학생증을 발급받지 못했다면 현지에서 발급받을 수 있다. 국제학생증은 대부분의 국가에서 취급하기 때문에 발급받는 장소만 알고 있다면 오히려 우리나라보다 간편하게 즉석에서 받을 수도 있다.
- **발급장소** : ISEC 국제학생증 한국 본사나 서울 종각역 근처 대부분 여행사에서 발급가능
- **구비서류** : 재학증명서, 신분증, 여권사진 1매
- **발급비용** : 14,000원
- **소요시간** : 접수 후 2일 이내 발송

신용카드

해외여행을 갈 때에는 사용할 일이 없더라도 만약을 대비해 신용카드를 가져가는 것이 좋다. 신용카드는 휴대가 간편하고 분실했을 경우 즉시 신고하면 보상받을 수 있다는 장점뿐만 아니라 카드 종류에 따라 마일리지나 포인트 적립을 받아서 상품이나 현금으로 사용하는 등 여러 가지 혜택을 받을 수 있기 때문이다.

여행자수표 (T/C)
여행자수표는 현금 대신 사용할 수 있고 한도가 있으므로 사용 예산을 조절할 수 있다. 현지 은행에서 현금으로 교환 가능하며 환율이 현금보다 유리하다는 장점이 있다. 또한 분실/도난 시 재발급을 받을 수 있어 안정성을 보장받을 수 있다. 하지만 모든 곳에서 사용할 수 있는 것은 아니며 발행회사의 환전소가 아닐 경우 수수료를 물게 된다는 단점도 있다. 발행회사는 AMEX와 VISA 두 곳이 있고 국민은행이나 외환은행에서 발급받을 수 있

다. 여행자수표는 발급 즉시 서명하고 사용할 때 다시 서명해야 하며, 서명란 두 곳이 모두 서명되어 있으면 사용할 수 없다.

출입국 수속 절차

한국에서 출국할 때
1. 항공사 카운터에서 탑승수속
2. 환전하기
3. 해당자는 병무신고하기
4. 출국세, 공항이용권 구입 (19,000원)
5. 출입국신고서 작성하기
6. 출국심사장으로 들어가기
7. 출국심사 받기(여권, 탑승권, 출국신고서 제출)
8. 면세점에서 쇼핑하기
9. 탑승권에 적힌 게이트로 이동해 항공기 탑승

일본에 입국할 때
1. 일본 출입국신고서와 세관신고서 작성하기
2. 입국심사 받기(여권, 귀국 항공권, 출입국신고서 제출)
3. 짐 찾기
4. 세관심사 받기

※ 신고대상 물품은 구두 또는 문서로 신고해야 하며 우편, 항공편, 배편, 택배 등 따로 부치는 물건일 경우에는 2통의 신고서를 작성하여 제출해야 한다. 신고서는 각 기내와 배 그리고 세관에 배치되어 있다.

기호품 면세 범위
담배 20갑(2보루), 파이프용 담배 100g, 술 3병, 향수 2온스, 그 외 물품 20만엔.

※ 단 19세 이하의 여행자에게는 잎담배나 양주가 허락되지 않는다.

사이즈 조견표

Korea	Italy	UK	US
44	36	6-8	0-2
55	38-40	8-10	4-6
66	42-44	12-14	8-10
77	46-48	16-18	12-14
88	50-52	20-22	16-18

신발 사이즈 조견표

Korea	Italy	UK	US
230	36.5	4	6
235	37	4.5	6.5
240	38	5	7
245	38.5	5.5	7.5
250	39	6	8
255	39.5	6.5	8.5
260	40	7	9
265	40.5	7.5	9.5
270	41	8	10
275	41.5	8.5	11.5

일본 출입국신고서

일본의 출입국신고서도 우리나라와 같이 출국, 입국 신고서가 하나로 되어있다.

일본에 입국하는 여행객은 외국인용을 기입해야한다. 일어로 기입이 가능하면 일어, 또는 영어로 기입해도 무방하다.

1. 성명(しめい)
2. 국적(こくせき)
3. 주소(じゅうしょ)
4. 체류지 주소(にほんのれんらくさき)
5. 여권번호(りょけんばんごう)
6. 기간(にほんたいざいよそうきかん)
7. 방문목적(たいざいもくてき)
8. 생년월일(せいねんがっぴ)
9. 직업(しょくぎょう)
10. 항공편(こうくうきびんめい, せんめい)
11. 출발공항(じょうしょうち)
12. 서명(しょめい)

여행정보

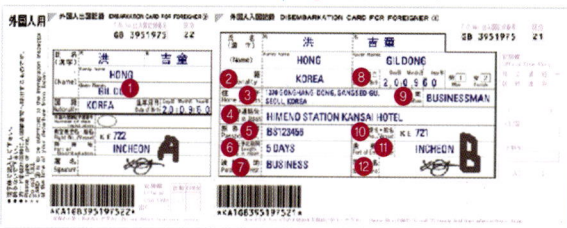

여행자수표 Q&A

Q : 여행자수표는 어디에 쓰면 좋나요?

해외 여행 : 많은 관광지에는 소매치기가 횡행합니다. 여행자수표는 현금을 대신하는 것으로 지갑에 넣어놓은 채 신경 쓰지 않고 여행을 즐기실 수 있습니다. 또한 여행자수표를 사용하면 여행 경비를 조절할 수 있습니다. 신용카드와 달리 있는 만큼 쓰는 것이기 때문에 예산범위 내에서 사용가능합니다.

해외 출장 : 해외 전시회에 참가하거나 제품을 구입할 때, 대부분 현지에서 즉시 지불해야하는 경우가 많습니다. 계약금을 내거나, 샘플 구입비를 결제할 때, 혹은 예상치 못한 지출이 발생하거나, 카드를 받지 않는 경우에도 여행자수표는 적절하게 사용가능 합니다. 현지 은행에서 현금으로 교환할 수 있기 때문에 현금을 가지고 출국하는 것보다 안전합니다.

해외 유학 : 여행자수표는 학비, 생활비를 지불하는 수단으로도 사용 가능합니다. 단기 연수의 경우 체재기간이 비교적 짧아 일반적으로 해외에서 통장개설을 하지 않습니다. 그러므로 여행자수표로 학비, 생활비 등을 지불하는 것은 안전하면서도 신용카드의 한도 제한에 구애받지 않는 가장 편리한 선택입니다. 유학의 경우, 준비해야 할 비용이 더욱 큽니다. 현지에서 통장을 개설하기 전에 사용할 돈을 안전하게 준비하는 방법으로 여행자수표가 유용하게 사용됩니다.

이외에도 여행자수표를 구입할 때에는 환율이 일반적으로 현금보다 유리하게 적용됩니다. 환율이 낮아 출국 이전부터 약간의 비용을 절약할 수 있고, 또한 안전하다는 장점이 있습니다.

Q : 어디에서 아멕스 여행자수표를 살 수 있나요?

A : 여행자수표는 은행과 온라인에서 구입 가능합니다.

▶ 은행 : 지점을 포함한 전국 각 은행에서 구입가능. 단, 외환은행에서는 호주달러와 영국 파운드, 일본 엔화, 캐나다 달러만 구입가능.

▶ 인터넷 예약 : 우리은행과 신한은행 웹싸이트에서 온라인으로구매할 수 있음. 자세한 내용은 http://www.ameri-canexpress.com/korea 참고.

Q : 여행자수표를 분실하면 현지에서 재발급 가능한가요?

아멕스 여행자수표는 전세계 84,000여 은행과 환전소 등의 파트너와 함께 일하고 있으며, 동시에

2,200개의 여행서비스센터를 두고 있습니다. 여행자수표 분실 시 일반적으로 모두 현지에서 재발급이 가능하며, 수수료도 없습니다. 다음 여행지에서 재발급 신청하셔도 됩니다.

여행자수표의 사용방법

❶ 구입 후 즉시 서명
❷ 사용 시 재서명

Q : 왜 여행자수표를 사용하는 것이 경제적이고 혜택이 많다고 하나요?

A : 여행자수표를 구입할 경우 외화를 현금으로 구입하는 것보다 일반적으로 쌉니다. 외국에서 현지화폐로 교환하려고 할 때, 수수료를 면제해 주는 환전소도 많기 때문에 어떤 때에는 더 많은 현지 화폐를 손에 쥘 수 있습니다. 수수료 등에서 돈을 아낄 수 있을 뿐더러 수지타산이 잘 맞는 방법입니다.

1. 구입 후 즉시 서명 : 구입 후 즉시 수표 왼쪽 상단에 사인합니다. 어느 언어도 무방.
2. 사용 시 재서명 : 사용할 때에 수취인의 앞에서 왼쪽 하단에 상단과 일치하는 사인을 하면 됩니다.
3. 따로 보관 : 구매계약서와 여행자수표는 따로 보관하세요. 만약 여행자수표를 분실, 훼손한 경우 구매계약서를 가지고 각지의 분실배상서비스센터에 가서 분실처리를 하시면 됩니다.

Q : 해외 유학을 할 때, 학비와 생활비를 가지고 나가려고 합니다. 어떤 방식을 선택해야 좋을까요?

A : 여러 방법을 혼합해서 사용하시는 것이 좋습니다. 위험을 피하고, 동시에 편리하게 사용할 수 있어야 합니다. 학비를 현지에서 지불한다면 여행자수표를 이용하시는 것이 가장 좋습니다. 생활비의 70% 정도는 여행자수표, 20% 정도는 신용카드, 10%는 현금으로 사용하시는 것이 좋습니다.

여행 회화

Travel Conversation

출국과 입국

■ **기내에서**

제 자리는 어디입니까?
私の席はどこですか？
와타시노 세키와 도코데스까?

여기는 제 자리인 것 같습니다.
ここは私の席ですが。
코코와 와타시노 세키데스가.

자리를 바꿔도 되겠습니까?
席を替わってもいいですか？
세키오 카왓떼모 이이데스까?

한국 잡지나 신문 있어요?
韓国の雑誌や新聞ありますか？
캉코쿠노 잣시야 심붕 아리마스까?

음료는 무엇으로 하시겠습니까?
お飲み物は何になさいますか？
오노미모노와 나니니 나사이마스까.

콜라 주세요.
コーラください。
코-라 쿠다사이.

탑승권을 보여주시겠습니까?
搭乗券を見せてもらえますか？
토-죠-켕오 미세떼 모라에마스까.

마실 것 좀 주시겠어요?
お飲み物をいただけますか？
오노미모노오 이타다케마스까.

펜 좀 빌릴 수 있을까요?
ペンを貸してもらえますか？
펭오 카시테 모라에마스까.

도착시간은 몇 시입니까?
到着時間はいつですか？
토-챠쿠지캉와 이쯔데스까.

■ 입국심사

여권과 입국신고서를 보여주시겠어요?
パスポートと入国申告所を見せてもらえますか？
파스포-또또 뉴-코쿠신꼬꾸쇼오 미세떼모라에마스까?

입국카드 작성법을 가르쳐 주시겠어요?
入国カードの書き方を教えてもらえますか？
뉴-코쿠 카-도노 카키카타오 오시에떼 모라에마스까?

일본 방문이 처음이십니까?
日本の訪問は始めてですか？
니홍노 호-몽와 하지메떼데스까?

방문 목적이 무엇입니까?
訪問の目的は何ですか？
호-몬노 모꾸떼끼와 난데스까?

관광입니다.
観光です。
캉꼬-데스.

어디서 머물 예정입니까?
どこでお泊まりですか？
도코데 오토마리 데스까?

신주쿠 호텔입니다.
新宿ホテルです。
신주쿠 호테루데스.

일본에 얼마동안 머물 예정입니까?
日本にどれくらい滞在する予定ですか？
니혼니 도레쿠라이 타이자이스루 요테이데스까?

2주간 머물 예정입니다.
二週間滞在する予定です。
니슈-깐 타이자이스루 요테이데스.

가방을 열어 주시겠어요?
かばんを開けてもらえませんか？
카방오 아케떼 모라에마셍까?

현금을 얼마나 소지하고 계십니까?
現金はいくら持っていますか？
겡킹와 이쿠라 못떼이마스까?

30만엔을 가지고 있습니다.
三十万円を持っています。
산쥬망엥오 못떼이마스.

돌아가는 항공권은 가지고 있습니까?
帰りの航空券はお持ちですか？
카에리노 코-쿠-켕와 오모찌데스까?

■ 세관통과

짐은 어디서 찾습니까?
手荷物はどこで受け取りますか？
테니모쯔와 도코데 우케토리마스까.

짐을 찾을 수가 없어요.
手荷物が見つかりません。
테니모쯔가 미쯔카리마셍.

신고할 물건이 있습니까?
申告するものはありますか？
신코꾸스루 모노와 아리마스까.

신고할 게 없습니다.
申告するものはありません。
신코꾸스루 모노와 아리마셍.

담배 한 보루가 있습니다.
タバコがワンカートンあります。
타바코가 완카ー톤 아리마스.

개인용도입니다.
身の回りのものだけです。
미노마와리노 모노다께데스.

가격이 얼마정도 입니까?
値段はいくらくらいですか？
네당와 이쿠라쿠라이데스까.

1,000엔 주고 샀습니다.
千円で買いました。
셍엔데 카이마시따.

이것은 관세를 내셔야 합니다.
これは課税になります。
코레와 카제ー니 나리마스.

다른 짐은 없습니까?
他の荷物はありませんか？
호카노 니모쯔와 아리마셍까.

이것은 가지고 들어갈 수 없습니다.
これは持ち込みできません。
코레와 모치코미 데키마셍.

이게 제 수하물인환증입니다.
これが私の手荷物引換証です。
코레가 와따시노 테니모쯔 히끼카에쇼ー데스.

■ 공항에서

환전은 어디서 합니까?
両替はどこでできますか？
료가에와 도꼬데 데끼마스까.

여행자수표를 사용할 수 있습니까?
トラベラーズチェックは使えますか？
토라베라-즈첵꾸와 쯔까에마스까.

이 여행자 수표를 현금으로 바꿔주세요.
このトラベラーズチェックを現金にしてください。
코노 토라베라-즈첵꾸오, 겡킹니시떼 쿠다사이.

값싼 호텔 하나 알려주시겠어요?
安いホテルを教えてくださいませんか？
야스이 호테루오 오시에떼 쿠다사이마셍까.

관광안내소는 어디에 있습니까?
観光案内所はどこにありますか？
캉코-안나이쇼와 도꼬니 아리마스까.

ATM은 어디에 있습니까?
ATMはどこにありますか？
ATM와 도꼬니 아리마스까.

시내지도 한 장 주시겠어요?
市街地図を一枚ください。
시가이치즈오 이찌마이 쿠다사이.

신주쿠까지 어떻게 가야 합니까?
新宿までどうやって行けばいいですか？
신주쿠마데 도-얏떼 이케바 이이데스까.

나리타 익스프레스는 어디서 탑니까?
成田エクスプレスはどこで乗りますか？
나리타 에꾸스프레스와 도꼬데 노리마스까.

신주쿠까지 얼마입니까?
新宿までいくらですか？
신주쿠마데 이쿠라데스까.

약도를 좀 그려주시겠어요?
略図を描いてくださいませんか？
랴쿠즈오 카이떼 쿠다사이마셍까.

렌터카 사무실은 어디입니까?
レンタカーの事務所はどこですか？
렌타카-노 지무쇼와 도꼬데스까.

출구가 어느쪽이죠?
出口はどこですか？
데구찌와 도꼬데스까.

교통수단의 이용

■ Bus 이용

버스정류장은 어디입니까?
バス停はどこですか?
바스테이와 도꼬데스까.

건너편에 있습니다.
向こう側にあります。
무꼬-가와니 아리마스.

도쿄타워는 어떤 버스가 가나요?
東京タワーはどのバスが行きますか?
도쿄타와-와 도노바스가 이끼마스까.

이 버스가 긴자역을 지나가나요?
このバスが銀座駅を通りますか?
코노바스가 긴자에끼오 토오리마스까.

요금이 얼마죠?
料金はいくらですか?
료-킹와 이쿠라데스까.

갈아타야 하나요?
乗リ換えなければなりませんか?
노리카에나케레바 나리마셍까.

어른 한 명에 200엔입니다.
大人一人で200円です。
오또나 히토리데 니햐꾸엔데스.

버스시간표는 어디서 구할 수 있나요?
バスの時間表はどこでもらえますか?
바스노 지깐효-와 도꼬데 모라에마스까.

어디서 내려야 하나요?
どこで降りますか?
도꼬데 오리마스까.

도착하면 알려주시겠어요?
着いたら教えてくださいませんか?
쯔이따라 오시에떼 쿠다사이마셍까.

여기서 내려주세요.
ここで降ろしてください。
코코데 오로시떼 쿠다사이.

막차가 몇 시입니까?
終電は何時ですか?
슈-뎅와 난지데스까.

어디서 버스표를 사나요?
どこで切符を買いますか?
도꼬데 킵뿌오 카이마스까.

버스를 잘못 탔어요.
バスを乗リ間違えてしまいました。
바스오 노리마찌가에떼 시마이마시따.

■ Taxi 이용

택시승강장이 어디입니까?
タクシー乗リ場はどこですか?
타꾸시 노리바와 도꼬데스까.

트렁크 좀 열어주시겠어요?
トランクを開けてください。
토랑쿠오 아케떼 쿠다사이.

짐을 트렁크에 넣어 주시겠어요?
荷物をトランクに入れてもらえますか?
니모쯔오 토랑꾸니 이레떼 모라에마스까.

어디로 가십니까?
どちらまで行きますか?
도찌라마데 이끼마스까.

이 주소로 데려다 주세요.
この住所までお願いします。
코노 쥬쇼마데 오네가이시마스.

저기서 좌회전 해주세요.
あそこで左に曲がってください。
아소코데 히다리니 마갓떼 쿠다사이.

공항까지 서둘러주세요.
空港まで急いでください。
쿠-꼬-마데 이소이데 쿠다사이.

공항까지 얼마나 걸릴까요?
空港までどれくらいかかりますか?
쿠-꼬-마데 도레쿠라이 카카리마스까.

가장 빠른 길로 가주세요.
一番早い道でお願いします。
이찌방 하야이미찌데 오네가이시마스.

얼마입니까?
いくらですか?
이쿠라데스까.

잔돈은 그냥 가지세요.
おつりはとっておいてください。
오쯔리와 톳떼오이떼 쿠다사이.

■ 지하철 이용

가장 가까운 전철역이 어디인가요?
一番近い駅はどこですか?
이찌방 치카이에키와 도꼬데스까.

시부야로 가려면 어느 선을 타야하나요?
渋谷に行くにはどの線に乗ればいいですか?
시부야니 이쿠니와 도노센니 노레바 이이데스까.

어디서 갈아타나요?
どこで乗り換えますか?
도꼬데 노리카에마스까.

표는 어디서 사나요?
切符はどこで買えますか?
킵뿌와 도꼬데 카에마스까.

마루노우치선을 타려면 어디로 가야 하나요?
丸の内線に乗るにはどこへ行けばいいですか?
마루노우치센니 노루니와 도꼬에 이케바 이이데스까

아키하바라에서 야마노테선으로 갈아타세요.
秋葉原で山手線に乗り換えてください。
아키하바라데 야마노테센니 노리카에떼 쿠다사이.

여행회화

첫 전철이 몇 시부터 다니죠?
始発は何時からですか?
시하츠와 난지까라 데스까.

마지막 전철이 몇 시죠?
終電は何時ですか?
슈-뎅와 난지데스까.

종착역이 어디입니까?
終着駅はどこですか?
슈-챠꾸에끼와 도꼬데스까.

어느 역에서 내려야 하나요?
どの駅で降りますか?
도노에끼데 오리마스까.

아카사카역은 몇 번째입니까?
赤坂駅はいくつ目ですか?
아카사카에끼와 이꾸쯔메데스까.

■ 렌트카 이용

차 한 대 렌트하고 싶습니다.
車を借りたいですが。
쿠루마오 카리따이데스가.

하루에 얼마입니까?
一日にいくらですか?
이찌니찌니 이쿠라데스까.

어떤 차를 원하십니까?
どんな車を使いたいですか?
돈나 쿠루마오 쯔카이따이데스까.

자동차 목록을 보여주시겠어요?
車の目録を見せてもらえますか?
쿠루마노 모쿠로쿠오 미세떼 모라에마스까.

수동 기어로 부탁합니다.
手動ギアでお願いします。
슈도-기아데 오네가이시마스.

세단 오토매틱으로 부탁합니다.
セダンオートマチックでお願いします。
세단 오-토마칙쿠데 오네가이시마스.

보험이 포함되었나요?
保険は含まれていますか?
호켕와 후쿠마레떼이마스까.

종합보험으로 해주세요.
総合保険でお願いします。
소-고-호켕데 오네가이시마스.

얼마동안 쓰실 거죠?
どのぐらい使う予定ですか?
도노구라이 쯔카우 요테-데스까.

15일간 렌트하려고요.
15日間する予定です。
쥬고니찌캉 스루 요테-데스.

다음달 말까지 필요해요.
来月の末まで必要です。
라이게쯔노 스에마데 히쯔요-데스.

그것으로 하겠습니다.
それにします。
소레니 시마스.

렌트 전에 차를 한 번 보고 싶습니다.
借りる前に車を見てみたいです。
카리루 마에니 쿠루마오 미떼미따이데스.

■ 열차 이용

나고야까지 표를 구입하고 싶은데요.
名古屋までの切符を買いたいんですが。
나고야마데노 킵뿌오 카이따인데스가.

금연석과 흡연석이 있습니다만 어디로 하시겠습니까?
禁煙席と喫煙席、どちらの方がよろしいでしょうか？
킹엔세끼또 키쯔엔세끼 도찌라노호-가 요로시이데쇼-까.

창가 금연석으로 부탁드립니다.
窓側の禁煙席でお願いします。
마도가와노 킹엔세끼데 오네가이시마스.

이 열차는 어디로 갑니까?
この列車はどこに行きますか？
코노렛샤와 도꼬니 이끼마스까.

식당차는 어디에 있습니까?
食堂車はどこにありますか？
쇼꾸도-샤와 도꼬니 아리마스까.

■ 길 묻기

신주쿠호텔까지 가는 길 좀 가르쳐 주시겠어요?
新宿ホテルまで行く道を教えてくださいませんか？
신주쿠 호테루마데 이쿠미치오 오시에떼 쿠다사이 마셍까.

다음 모퉁이에서 좌측으로 돌아가세요.
次の角で左に曲がってください。
쯔기노 카도데 히다리니 마갓떼 쿠다사이.

파출소 건너편에 있어요.
交番の向こう側にあります。
코-방노 무코-가와니 아리마스.

이 길을 쭉 따라가세요.
この道をまっすぐ行ってください。
코노미찌오 맛스구 잇떼 쿠다사이.

경찰에게 물어보는 게 좋겠네요.
警察に聞いた方がいいです。
케-사쯔니 키이따호-가 이이데스.

길을 잃었어요.
道に迷ってしまいました。
미치니 마욧떼 시마이마시따.

이 근처에 백화점은 없나요?
この近くにデパートはありませんか？
코노 치카쿠니 데파토와 아리마셍까.

공중전화가 어디에 있습니까?
公衆電話はどこにありますか？
코-슈-뎅와와 도꼬니 아리마스까.

다음 신호등에서 오른쪽으로 가세요.
次の信号で右に曲がってください。
쯔기노 신고-데 미기니 마갓떼 쿠다사이.

여행회화

호텔에서

■ 호텔 예약과 체크인

예약하셨습니까?
予約はされていますか？
요야꾸와 사레떼이마스까.

예약하고 싶습니다.
予約をしたいですが。
요야꾸오 시따이데스가.

김미나라는 이름으로 예약했습니다.
キム・ミナという**名前**で**予約**しました。
키무미나또이우 나마에데 요야꾸 시마시따.

예약확인서를 보여주시겠습니까?
予約確認書を**見**せてもらえますか？
요야꾸 카꾸닝쇼오 미세떼 모라에마스까.

숙박카드를 기입해 주십시오.
宿泊カードを**記入**してください。
슈꾸하꾸카-도니 키뉴-시떼 쿠다사이.

성함이 어떻게 되십니까?
お**名前**は**何**ですか？
오나마에와 난데스까?

어떻게 작성하는지 가르쳐 주시겠습니까?
書き方を**教**えてくださいませんか？
카끼카따오 오시에떼 쿠다사이마셍까?

빈 방이 있습니까?
空き部屋はありますか？
아끼베야와 아리마스까.

몇 분이세요?
何名様でしょうか？
난메-사마데쇼-까.

숙박료가 얼마죠?
宿泊料金はいくらですか？
슈쿠하꾸료킹-와 이쿠라데스까.

식사는 포함되어 있습니까?
食事は含まれていますか?
쇼꾸지와 후꾸마레떼 이마스까.

어떤 방으로 하시겠습니까?
どのような部屋がよろしいでしょうか?
도노요-나 헤야가 요로시이데쇼-까.

전망이 좋은 1인실은 없나요?
眺めのいいシングルの部屋はありませんか?
나가메노 이이 싱구루노 헤야와 아리마셍까.

방 좀 보여주시겠어요?
部屋を見せてもらえますか?
헤야오 미세떼 모라에마스까.

더 싼 방이 있나요?
もう少し安い部屋はありませんか?
모-스코시 야스이 헤야와 아리마셍까?

이 방으로 하겠습니다.
この部屋にします。
코노 헤야니 시마스.

체크인해주세요.
チェックインお願いします。
첵꾸잉 오네가이시마스.

얼마동안 묵을 예정인가요?
どのくらい泊まる予定ですか?
도노쿠라이 토마루 요테-데스까?

내일 저녁부터 이틀간 머물 예정입니다.
明日の夜から二泊します。
아시따노 요루까라 니하꾸시마스.

하룻밤 머물 예정입니다.
一泊する予定です。
입빠꾸스루 요테-데스.

■ 호텔 서비스

룸서비스 부탁합니다.
ルームサービスをお願いします。
루-무 사-비스오 오네가이시마스.

방을 청소해주세요.
部屋を掃除してください。
헤야오 소-지시떼 쿠다사이.

세탁서비스는 가능합니까?
選択サービスはできますか?
센타쿠 사-비스와 데끼마스까.

외선전화는 어떻게 겁니까?
外線電話はどうかけるんですか?
가이센뎅와와 도-카케룬데스까.

서울로 국제전화를 걸고 싶은데요.
ソウルへ国際電話をかけたいですが。
소우루에 코쿠사이뎅와오 카케따이데스가.

귀중품을 맡아주시겠어요?
貴重品を預かってもらえますか?
키쵸-힝오 아즈깟떼 모라에마스까.

6시에 모닝콜 좀 해주세요.
朝6時にモーニングコールをお願いします。
아사 로꾸지니 모-닝구 코-루오 오네가이시마스.

여행회화

체크아웃은 몇 시입니까?
チェックアウトは何時ですか？
첵꾸아우토와 난지데스까.

역까지 데리러 옵니까?
駅まで迎えに来てくれますか？
에끼마데 무까에니 키떼쿠레마스까.

한국어가 가능한 사람이 있습니까?
韓国語ができる人はいますか？
캉코쿠고가 데끼루 히또와 이마스까.

이 소포를 한국으로 보내주세요.
この小包を韓国に送ってください。
코노 코즈쯔미오 캉코쿠니 오꿋떼 쿠다사이.

팩스를 사용할 수 있을까요?
ファックスを送ることができますか？
확꾸스오 오꾸루코또가 데끼마스까.

인터넷을 사용하고 싶습니다.
インターネットを使いたいですが。
인타-넷토오 쯔카이따이데스가.

열쇠를 잃어버렸어요.
鍵をなくしました。
카기오 나쿠시마시따.

다른 방으로 주세요.
他の部屋をください。
호까노 헤야오 쿠다사이.

에어컨이 작동되지 않습니다.
エアコンが動きません。
에아콘가 우고키마셍.

■ **체크아웃**
체크아웃 부탁합니다.
チェックアウトをお願いします。
첵꾸아우토오 오네가이시마스.

카드로 계산해도 될까요?
カードで支払いできますか？
카-도데 시하라이 데끼마스까.

여행자수표로 지불 가능합니까?
トラベラーズチェックで支払うことはできますか？
토라베라-즈첵꾸데 시하라우코또와 데끼마스까.

영수증 주세요.
領収証をください。
료-슈-쇼-오 쿠다사이.

세금이 포함된 가격인가요?
税込みですか？
제-코미데스까.

방에 놓고 온 물건이 있습니다.
部屋に忘れ物をしてしまいました。
헤야니 와스레모노오 시떼시마이마시따.

전화는 사용하지 않았습니다.
電話はかけていません。
뎅와와 카케떼이마셍.

계산이 틀린 것 같습니다만.
計算が間違っているようですが。
케-산가 마찌갓떼이루요-데스가.

택시 좀 불러 주세요.
タクシーを呼んでください。
타꾸시-오 욘데쿠다사이.

6시까지 짐 좀 맡아주시겠어요?
6時まで荷物を預かってもらえますか？
로꾸지마데 니모쯔오 아즈갓떼 모라에마스까.

공항까지 가는 셔틀버스가 있나요?
空港まで行くシャトルバスはありますか？
쿠-꼬-마데 이꾸 샤토루바스와 아리마스까.

식당·쇼핑

■ 주문하기

메뉴 좀 주세요.
メニューをください。
메뉴-오 쿠다사이.

지금 주문할까요?
今注文しましょうか？
이마 츄-몽시마쇼까.

먼저 음료를 주문하겠습니다.
とりあえずお飲み物をお願いします。
토리아에즈 오노미모노오 오네가이시마스.

결정하셨습니까?
お決まりですか？
오키마리데스까.

이 식당에서 잘하는 요리가 뭐죠?
この店の自慢料理は何ですか？
코노미세노 지만료-리와 난데스까.

이 요리의 재료가 뭐죠?
この料理の材料は何ですか？
코노 료-리노 자이료-와 난데스까.

양이 어느 정도입니까?
どれぐらいの量ですか？
도레구라이노 료-데스까.

디저트는 무엇으로 하시겠습니까?
デザートは何になさいますか？
데자-토와 나니니 나사이마스까.

어떤 종류의 맥주가 있나요?
どんなビールがありますか？
돈나 비루가 아리마스까.

이건 맛이 어떻죠?
これはどんな味ですか？
코레와 돈나 아지데스까.

메뉴 좀 다시 보여주세요.
メニューをもう一度見せてください。
메뉴-오 모-이찌도 미세떼 쿠다사이.

추천할 만한 게 있나요?
おすすめ料理は何ですか？
오스스메 료-리와 난데스까?

이미 주문 했습니다.
もう注文しました。
모- 츄-몽시마시따.

오늘의 특별요리가 뭐죠?
今日のスペシャル料理は何ですか？
쿄-노 스페샤루 료-리와 난데스까.

이것과 이걸로 하겠어요.
これとこれにします。
코레또 코레니 시마스.

같은 걸로 주세요.
同じものをお願いします。
오나지 모노오 오네가이시마스.

■ **쇼핑하기**

쇼핑몰이 어디입니까?
ショッピングセンターはどこですか？
숍핑구센타-와 도꼬데스까.

매일 영업하나요?
毎日営業しますか？
마이니찌 에-교-시마스까.

외국인도 포인트 카드를 만들 수 있나요?
外国人もポイントカードを作れますか？
가이코쿠진모 포인토카-도오 쯔꾸레마스까.

친구에게 선물로 줄 화장품을 좀 사려고요.
友達にあげる化粧品を買いたいですが。
토모다찌니 아게루 케쇼-힝오 카이따이데스가.

신사복 매장은 어디입니까?
紳士服コーナーはどこですか？
신시후꾸 코-나와 도꼬데스까.

아동복은 몇 층에 있나요?
子供服は何階にありますか？
코도모후꾸와 난까이니 아리마스까.

디지털 카메라를 사고 싶은데요.
デジカメを買いたいですが。
데지카메오 카이따이데스가.

보석은 어디서 살 수 있어요?
宝石はどこで買えますか？
호-세끼와 도꼬데 카에마스까.

조금 깎아주세요.
少し安くしてください。
스코시 야스쿠시떼 쿠다사이.

면세는 안되나요?
免税はできませんか？
멘제-와 데끼마셍까.

저 핸드백 좀 봐도 될까요?
あのハンドバックを見てもいいですか？
아노 한도박꾸오 미떼모 이이데스까?

편의점은 어디에 있죠?
コンビニはどこにありますか？
콤비니-와 도꼬니 아리마스까.

긴급 상황

■ 분실 · 도난

분실물 센터가 어디죠?
紛失物センターはどこですか?
훈시쯔부쯔 센타-와 도꼬데스까.

여권을 잃어버렸어요.
パスポートをなくしました。
파스포-토오 나꾸시마시따.

버스에서 떨어뜨렸어요.
バスで落としてしまいました。
바스데 오또시떼 시마이마시따.

택시에 지갑을 두고 내렸어요.
タクシーに財布を忘れて降りました。
타꾸시니 사이후오 와스레떼 오리마시따.

어디서 잃어버렸는지 모르겠어요.
どこでなくしたのか分かりません。
도꼬데 나꾸시따노까 와까리마셍.

여기서 빨간 지갑을 못 보셨나요?
ここで赤い財布を見ませんでしたか?
코꼬데 아까이 사이후오 미마셍데시따까.

방에 도둑이 들었어요.
部屋に泥棒が入りました。
헤야니 도로보-가 하이리마시따.

누가 제 가방을 빼앗아갔어요.
誰かに私のカバンを盗られました。
다레까니 와따시노 카방오 토라레마시따.

도둑이야! 잡아라!
泥棒!捕まえて!
도로보-! 쯔까마에떼!

카드 사용을 정지해주세요.
カードの支払いを停止してください。
카-도노 시하라이오 테이시시떼 쿠다사이.

새 카드는 어디서 받을 수 있을까요?
新しいカードはどこでもらえますか?
아따라시이 카-도와 도꼬데 모라에마스까?

카드가 사용되고 있는지 알아봐 주세요.
すでに使われてしまっているかどうか調べてください。
스데니 쯔카와레떼 시맛떼이루까 도-까 시라베떼 쿠다사이.

만약 찾으시면 이쪽으로 연락주세요.
もし見つかったらここに連絡してください。
모시 미쯔깟따라 코꼬니 렌라꾸시떼 쿠다사이.

■ **교통사고**

누가 경찰 좀 불러주세요.
誰か警察を呼んでください。
다레까 케-사쯔오 욘데쿠다사이.

사고가 났습니다.
事故がありました。
지꼬가 아리마시따.

다쳤습니다.
けがをしました。
케가오 시마시따.

숨을 못 쉬겠어요.
息ができません。
이키가 데끼마셍.

구급차를 불러주세요.
救急車を呼んでください。
큐-큐-샤오 욘데쿠다사이.

도와주세요.
助けてください。
타스케떼 쿠다사이.

전화 좀 빌려주세요.
電話を貸してもらえますか。
뎅와오 카시떼 모라에마스까.

이 근처에 병원이 있습니까?
この近くに病院はありますか?
코노 치까꾸니 뵤-잉와 아리마스까.

차에 치였습니다.
車に引かれました。
쿠루마니 히카레마시따.

출혈이 심합니다.
出血がひどいです。
슛케쯔가 히도이데스.

뼈가 부러진 것 같은데요.
骨が折れたみたいです。
호네가 오레따 미따이데스.

병원에 데려다 주시겠어요?
病院へ連れて行ってもらえますか?
뵤-잉에 쯔레떼잇떼 모라에마스까.

제 친구에게 응급처치를 해 주시겠어요?
私の友達に応急措置をしてくれませんか?
와따시노 토모다찌니 오-큐-쇼찌오 시떼 쿠레마셍까.

■ 병원에서

처방전을 받을 수 있을까요?
処方せんをもらえますか？
쇼호-셍오 모라에마스까.

여기 한국어를 하는 의사는 없나요?
ここに韓国語ができる医者はいませんか？
코꼬니 캉코꾸고가 데끼루 이샤와 이마셍까.

보험은 가입되어 있나요?
保険は入っていますか？
호껭와 하잇떼 이마스까.

여행자 보험이 있어요.
旅行者保険があります。
료코-샤 호껭가 아리마스.

몸 상태가 좋지 않습니다.
具合が悪いです。
구아이가 와루이데스.

예약을 해야 합니까?
予約は必要ですか？
요야쿠와 히쯔요-데스까.

잠을 잘 수가 없습니다.
よく眠れません。
요꾸 네무레마셍.

어떤 상태인가요?
どのような状態ですか？
도노요-나 죠-타이데스까.

평소에 먹는 약이 있습니까?
普段飲んでいる薬はありますか？
후당 논데이루 쿠스리와 아리마스까.

여기는 이상 없나요?
ここは異常ありませんか？
코꼬와 이죠-아리마셍까.

진단서를 받을 수 있을까요?
診断書をもらえますか？
신단쇼오 모라에마스까.

입원 수속은 어디서 합니까?
入院手続きはどこでしますか？
뉴-잉테쯔즈키와 도꼬데 시마스까.

열이 조금 있습니다.
熱が少しあります。
네쯔가 스코시 아리마스.

현기증이 납니다.
めまいがします。
메마이가 시마스.

너무 가렵습니다.
かゆみがひどいです。
카유미가 히도이데스.

혈액형은 AB형입니다.
血液型はAB型です。
케쯔에끼가타와 에-비가타데스.

■ 약국에서

설사를 합니다.
下痢をします。
게리오 시마스.

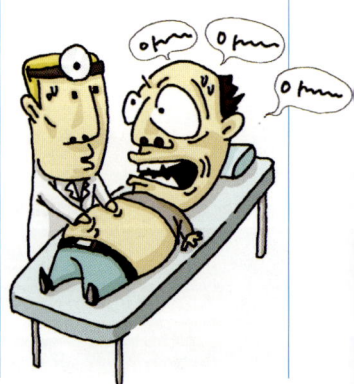

배가 아픕니다.
お腹が痛いです。
오나까가 이따이데스.

두통약 좀 주세요.
頭痛薬をください。
즈쯔-야꾸오 쿠다사이.

아스피린 있습니까?
アスピリンありますか?
아스피린 아리마스까.

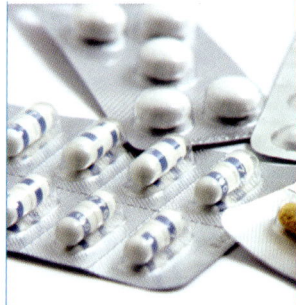

진통제 있어요?
痛み止はありますか?
이타미도메와 아리마스까.

감기약 주세요.
風邪薬をください。
카제구스리오 쿠다사이.

이 약을 어떻게 복용하죠?
この薬はどうやって服用しますか?
코노 쿠스리와 도-얏떼 후꾸요-시마스까.

하루에 몇 번 먹어야 되죠?
一日に何回飲めばいいですか?
이찌니지니 난까이 노메바 이이데스까.

알레르기 있으세요?
アレルギーはありますか?
아레루기-와 아리마스까.

식사 전에 복용해야 하나요?
食前に飲みますか?
쇼쿠젠니 노미마스까.

부작용은 없나요?
副作用はありませんか?
후쿠사요-와 아리마셍까.

처방전 없인 판매할 수 없습니다.
処方せんなしには販売できません。
쇼호-센 나시니와 한바이 데끼마셍.

처방전은 있습니다.
処方せんはあります。
쇼호-셍와 아리마스.

여행 계속해도 괜찮습니까?
旅行を続けてもいいですか?
료코-오 쯔즈케떼모 이이데스까.

조금 나아졌습니다.
少しよくなりました。
스꼬시 요꾸 나리마시따.

몇 번인가 토했습니다.
何度か吐きました。
난도까 하키마시따.

회복하려면 어느 정도 걸립니까?
治るまでにどのくらいかかりますか?
나오루마데니 도노구라이 카카리마스까.

입원하지 않으면 안 됩니까?
入院しなければなりませんか?
뉴-잉 시나케레바 나리마셍까?

약의 종류

두통약	頭痛薬	(즈쯔-야꾸)
소화제	消化剤	(쇼-카자이)
안약	目薬	(메구스리)
설사약	下痢止め	(게리도메)
변비약	便秘薬	(벤삐야꾸)
진통제	痛み止め	(이타미도메)
감기약	風邪薬	(카제구스리)
정로환	正露丸	(세이로간)
반창고	絆創膏	(반소-코-)

교토
KYOTO

초판 인쇄일 _ 2008년 7월 3일
초판 발행일 _ 2008년 7월 10일
발행인 _ 박정모
발행처 _ 도서출판 혜지원
주소 _ 서울시 동대문구 장안 1동 420-3호
전화 _ 영업부 02)2212-1227, 2213-1227
전화 _ 편집부 02)2249-7975
팩스 _ 02)2247-1227
홈페이지 _ http://www.hyejiwon.co.kr
지은이 _ MOOK 편집실
기획·진행 _ 강은혜
교정·교열 _ 유신향, 송유선
디자인, 본문편집 _ 박애리
표지디자인 _ 김경미
영업마케팅 _ 김남권, 황대일, 고광수, 서지영
ISBN _ 978-89-8379-565-6
978-89-8379-539-7 (세트)
정가 _ 7,800원

Copyright©2008 by Mook Publishing Ltd, Taiwan
All rights reserved.
이 책은 저작권법에 의해 보호를 받는 저작물이므로 어떠한 형태의 무단 전재나 복제도 금합니다. 본문 중에 인용한 제품 명은 각 개발사의 등록상표이며, 특허법과 저작권법 등에 의해 보호를 받고 있습니다.

잘못 만들어진 책은 구입한 서점에서 교환해 드립니다.

인터콜 GIFT 쿠폰

무료통화이용권(콜렉트콜)

3,000원

- 외국에서 한국으로 전화시 착신번호마다 매월 1,000원씩 무료로 통화하실 수 있습니다! (3개번호)

우리은행 환율우대

쿠폰 NO.US GA 135248

50%

- 본 쿠폰은 다른 우대서비스와 중복하여 사용 할 수 없으며, 우대율은 은행 사정에 따라 조정될 수 있습니다.
- 유효기간 : ~ 2008년 12월 31까지
- 우대 내용 후면 참조

※ 단, 미화기준으로 500달러 미만은 30% 할인

출국 준비물 위드공구 할인쿠폰

NO. W214619-1948

Discount Coupon **10~5%**

- 본 쿠폰은 1인 1회에 한하여 사용 가능합니다.
- 본 쿠폰은 다른 쿠폰과 중복하여 사용하실 수 없습니다.
- 일부 품목은 할인에서 제외될 수 있습니다. www.with09.net

 with09.net

공항고속/센트럴시티 리무진 버스 할인권

NO. 903921

Limousine Bus Discount Coupon

2,000원 할인권(1회)

- 유효기간 : ~ 2008년 12월 31일까지
- 홈페이지 : www.samhwaexpress.com
- 승차권 구입장소 및 이용방법 후면 참조
  www.centralcityseoul.co.kr

공항고속/센트럴시티 리무진 버스 할인권

NO. 903921

Limousine Bus Discount Coupon

2,000원 할인권(1회)

- 유효기간 : ~ 2008년 12월 31일까지
- 홈페이지 : www.samhwaexpress.com
- 승차권 구입장소 및 이용방법 후면 참조
  www.centralcityseoul.co.kr

이/용/방/법

현재 계신 곳의 국가접속번호 + 카드번호 **7890** [#] + 지역번호를 포함한 상대방 전화번호 + [#]

※ 공중전화에서는 발신음을 먼저 확인하고 사용하세요. (발신음이 들리지 않을 경우 카드 또는 동전을 넣어주세요)
사용예) 미국에서 한국(02-123-4567)으로 전화할 경우 1877-705-0469 ◀) 카드번호 + # ◀) 교환원 연결

호주	1800-007-548	미국(괌)	1877-705-0469	중국(북방)	108-8824
뉴질랜드	080-044-8043	사 이 판	1800-831-0366	중국(남방)	10800-140-0688
캐 나 다	1877-705-0474	하 와 이	1877-705-0471	일본(유선)	0044-2213-2325
그 리 스	0080-012-6546	오스트리아	0800-291-285	말레이시아	1800-80-8401
영 국	0800-032-3503	스 페 인	900-931-993	인도네시아	001-803-011-3411
프 랑 스	0800-900-092	체 코	800-142-542	필 리 핀	105-821
독 일	0800-101-2976	스 위 스	0800-562-317	홍 콩	800-967-360
이탈리아	800-790-044	벨 기 에	080-077-463	베 트 남	1783-500
네덜란드	080-0022-5196	헝 가 리	068-001-7175	태 국	001-800-120-664-908
포르투갈	8008-12982

※ 지역에 따라 공중전화에서 사용이 제한될 수 있습니다.   ※ 기타 국가 접속번호 및 이용문의 : 인터콜 고객만족팀(02-568-9500)
※ 요금은 hanarotelecom 에서 수신부담으로 청구합니다.

우리은행 환율우대 쿠폰안내

• 본 쿠폰은 1인 1회에 한하여 사용가능합니다.(개인에 한함)
• 우리은행 전 영업점(인천제공항지점 제외)에서 외화현찰, 여행자수표를 환전하거나
  해외송금시 우대환율을 적용하여 드립니다.(중국화CNY는 30% 우대)
   - 할인우대율 : 당일고시 매매기준율과 대고객매매율 차이의 환전수수료 50~30%를 우대
• 본 쿠폰은 다른 우대조치와 중복하여 사용하실 수 없으며, 우대율은 은행사정에따라 조정될 수 있습니다.

유학이주센터

세종로 유학이주센터	02)399-2742	목동 유학이주센터	02)2652-4030	테헤란로 유학이주센터	02)554-3071/3
연희동 유학이주센터	02)324-7001	종로 YMCA 유학이주센터	02)738-8472	연세 유학이주센터	02)313-3198
압구정동 유학이주센터	02)541-2947	대치역 유학이주센터	02)569-9031	대치남 유학이주센터	02)567-0483
분당중앙 유학이주센터	031)704-1541	일산중앙 유학이주센터	031)919-0501	서면 유학이주센터	051)804-2007
도곡스타틴 유학이주센터	02)2058-1100	수영만 유학이주센터	051)747-9701	

※ 무료상담전화 : 080-365-5000

쿠폰사용방법

www.with09.net 접속 → 회원가입 후 가입경로 "동호회 추천" → 우측 코드란에 쿠폰 NO.W214619-1948입력 가입완료되시면 전품목 할인된 가격으로 표기됩니다.

⊗ 대표상품

이민가방, 여행가방, 전통기념품, 트랜스, 전세계 플러그, 침낭, 압축팩, 전기장판,
전자사전 등 전세계 출국준비물 **국내 최저가 판매**

문의전화 : (02)374-6227 / 010-6313-1664

공항고속/센트럴시티 리무진 버스 할인권 안내

Limousine Bus Discount Coupon

★ 이용구간
• 인천국제공항 → 강남 센트럴시티 방면
• 인천국제공항 → 서울역, 용산역 방면

승차권 구입장소 : 입국장(1층) 4A, 10B 출입구 옆 승차권 판매소

| 성함 | | E-mail | | 내용을 기입하셔야 이용 가능합니다. |

★ 승차권 구입시 우대권 제출해 주십시오.(1인 1매에 한하여 타 쿠폰과 중복사용 불가)
★ 문의전화 : 센트럴시티 02)6282-0652 서울역 / 용산역 02)775-7915

공항고속/센트럴시티 리무진 버스 할인권 안내

Limousine Bus Discount Coupon

★ 이용구간
• 센트럴시티 → 인천국제공항(센트럴시티내 호남선터미널 1층 리무진 매표소)
• 서울역 → 인천국제공항(서울역 광장 역전파출소 앞 리무진 매표소)
• 용산역 → 인천국제공항(용산역 지상3층 달 주차장 리무진 매표소)

| 성함 | | E-mail | | 내용을 기입하셔야 이용 가능합니다. |

★ 승차권 구입시 우대권 제출해 주십시오.(1인 1매에 한하여 타 쿠폰과 중복사용 불가)
★ 문의전화 : 센트럴시티 02)6282-0652 서울역 / 용산역 02)775-7915